CORRE
TU
CARRERA

CORRE
TU
CARRERA

Una guía para hacer
TU Imposible Posible

DRA. MAYRA LLADÓ

Corre Tu Carrera: Una guía para hacer TU Imposible Posible

Edición: Finesse Writing y Monica Lladó Ortega
Foto de Portada: Daniel Romero Photography
Diseño de interior y portada: Adina Cucicov, Flamingo Designs

ISBN: 978-0-9911415-0-0

Elogios para "Corre tu carrera"

"¡Brillante! La Dra. Mayra Lladó presenta un mapa simple y poderoso para el éxito. A través de sus historias de inspiración y guías, ella crea pasos de acción fáciles de implementar. *Corre tu carrera* es una lectura obligada para cualquiera que quiera convertir lo imposible a posible! Entra en el juego y comienza a leer este maravilloso libro. ¡Todo es posible!"

Starr Pilmore, autora, conferencista, coach y
creadora del programa "Fun With Visualization"
www.FunWithVisualization.com

"En sus marcas, listos, fuera! *Corre tu carrera* propone el paso perfecto para lograr cualquier meta. Encontrar tu camino, es el primer paso, como la autora establece y luego demuestra a través de su historia personal de decidir correr su primer maratón.

Este es un libro maravilloso el cual usa el ejemplo del reto de un maratón para explicar las acciones necesarias para lograr algo que quieres lograr. Todas las estrategias que alguien pudiese necesitar están aquí incorporadas—desde la visualización a la materialización. Todo esto es ofrecido en una forma relajada con historias inspiradoras sobre las experiencias de otras personas. Este es un libro realmente grandioso para cualquiera que este tratando de avanzar y adelantar en su vida. ¡Lo recomiendo altamente!"

Sally Huss, autora #1 en ventas de Amazon
"Your Survival Guide—14 Ways to Stay Afloat!"

"*Corre tu carrera* de Mayra Lladó es una obra maestro que me empodera a moverme hacia lo que quiero. Me recuerda a celebrar mis éxitos y comparte estrategias específicas para crear nuevos. Esto es más que solo un libro para mi. Es un regalo que ha reencendido mi fuego para volver a mi propia carrera y llevar todo al ¡próximo nivel! ¡Esto es una LECTURA OBLIGADA para cualquiera que desea lograr altos resultados en su vida y negocio!"

Romeo Marquez Jr., Orador de Motivación Internacional
www.RomeoMarquezJr.com

"Este libro te inspirará y empoderará a ir tras cualquier cosa que antes pensabas no era posible en tu vida. La Dra. Mayra ha creado de una forma brillante un mapa simple y fácil de seguir para cualquiera en cualquier sitio para llevar sus mayores metas y sueños. No te quedes como espectador viendo la vida pasarte por el lado; ve a la pista y ¡*Corre tu carrera*!"

Sean Smith, Coach Certificado de Resultados Maestros
www.CoachSeanSmith.com

"Que libro tan inspirador y poderoso para guiar a cualquiera hacia lograr sus metas y sueños más codiciados. Está lleno de guías fáciles de seguir y ejercicios paso a paso para entrarte en acción y lograr lo que puede parecer imposible de comenzar. Puedo dar testimonio de estas guías en carne propia, ya que las he utilizado para lograr metas personales y profesionales que no hubiera soñado poder lograr más temprano en mi vida. ¡Funcionan! Si quieres inspirarte a moverte hacia delante, ¡lee este libro!"

Jani Ashmore, autora, orador y consultora
www.janiashmore.com

"El libro de la Dra. Mayra Lladó, *Corre tu carrera* es una colección de historias que te tocaran el corazón de personas quienes han enfrentado la adversidad, contratiempos y retos, que al superarlos salieron ¡airosos y triunfadores! El estilo de la Dra. Mayra Lladó es poderoso, al tener la habilidad innata de transportar al lector dentro de cada historia como espectadores viendo la acción desarrollarse. Ella ha hilvanado magistralmente principios comprobados y presenta un plan de acción paso a paso para que tu puedas tener éxito en cada nivel de tu vida y negocio. Este libro es inspirador y enfocado en ayudar al lector convertirse en un ¡ganador!"

Kellie Alderton, Experta de Vida Saludable, Autora de
Snap Out of It: From Stress to Success Living With MS,
www.msfreeforall.com

"Mientras leía el libra de la Dra. Mayra Lladó, *Corre tu carrera*, podía escuchar todas las lecciones que he aprendido de ella en persona, ya fuera observando sus acciones diarias o a través de su maravillosa amistad y consejos. La visión de Mayra en este libro es la manera en que vive su vida. Fue a través de su visión y amistad que pude hacer MI imposible, posible. Al curarme de la enfermedad autoinmune de Hashimoto's.

A través del brillante ejemplo del maratón, el cual muchos piensan sería imposible para ellos, Mayra traza la base para lograr CUALQUIER COSA que puedes querer lograr en la vida, en especial esas cosas que sentimos son TAN GRANDES, que parecen imposible. ¿Has estado soñando con un imposible que quieres hacer posible? Lleva a cabo los simples pasos que Mayra presenta, navega tus miedos y obstáculos y ¡lógralo!"

Kelly Robbins, Life Coach @ Guidance Light Success Systems, Inc.
Creator of the Hashimoto's: Harbors of Healing Program
www.hashimotosharborsofhealing.com

"*Corre tu carrera* de Mayra Lladó trata más de la travesía que de la "carrera". Cualquiera puede establecer una meta descabellada—el poder de hacerla posible yace en el descubrimiento persistente de conocer lo que necesitas hacer, en quien te tienes que convertir y en porque estas motivado a lograrlo. ¡Lleno de historias inspiradoras y conmovedoras, este libro le da gasolina a la posibilidad y revela las estrategias que no caducan para energizar tus sueños a la realidad!"

Nathalie Osborn, Fundadora www.FunEnergyNow.com

"Una de las cosas que me encanta de *Corre tu carrera* de la Dra. Mayra, es que ella está viviendo auténticamente desde sus palabras todos los días y verdaderamente tiene la vida que ella desea. *Corre tu carrera* es una travesía conmovedora para inspirarte a correr tu propia carrera. ¿Qué puedes hacer para alcanzar la línea de la meta en la vida? Te enseña como establecer metas, manejar tú pazo y disfrutar del paisaje en el camino. Finalmente, ella es el pilar para alentarte y ayudarte a correr en tu camino hacia el éxito. Recomiendo altamente seguir los consejos y el dominio que la Dra. Mayra comparte desde su experiencia personal de correr su carrera en la vida. ¡Ella es verdaderamente un éxito!"

Amy Cady, autora de Get The Skinny On Your Success y
The Outragous Adventures of Dating Dick
www.amycady.com

"Mientras leía el libro de la Dra. Mayra Lladó *Corre tu carrera*, mi corazón se abrió a la belleza y verdades de las que habla en el. Nos mueve por la claridad y poder de estos principios de éxito a los cuales le da vida en sus historias personales para todos aprender de ellas. Un mapa del tesoro muy bien escrito para aquellos de nosotros quienes sentimos el llamado de algo que aun nos queda por lograr en nuestras vidas. El amor de Mayra por la vida se percibe y es tan contagioso en la palabra escrita como lo es cuando la ves en persona. Recomiendo altamente obtener este libro y poner en practica lo que ella comparte en el mismo. ¡Brindo por todas tus carreras que aun has de correr y por todas las metas que aun te quedan por cruzar!"

Samuel Johnson

www.healthierfathersbetterdads.com

"La Dra. Mayra Lladó hilvana una historia preciosa de su travesía personal de correr un maratón con estrategias del éxito comprobadas que pueden ser implementadas para tener éxito en cualquier meta trascendental en la vida. En su libro *Corre tu carrera*, la Dra. Lladó inspira al lector a ¡ir tras la meta! Ella te guiará a escoger con valentía tu meta trascendental y a crear un plan para alcanzarla. Una vez tengas la claridad de hacia donde quieres ir, ¡simplemente sigue los pasos en este libro! La Dra. Lladó nos convence que no tiene que ser difícil vivir la vida de tus sueños. Puede ser tan sencillo como poner un pies afrente del otro, y antes de que te des cuenta, estarás corriendo a velocidad máxima hacia el final y el ¡logro de tu meta! ¡No hay mejor momento que el presente! ¡Lee este libro y comienza a vivir la vida que estas supuesto a vivir!"

Tresa Leftenant ,CFP®

www.myfinancialdesign.com

"Que apropiado que la Dra. Mayra ayuda a las personas a recuperar sus sonrisas. Ella si que me hizo sonreír con este libro. La Dra. Mayra comparte su historia de valentía en lograr sus metas en una forma que anima a otros a hacer lo mismo. Su amabilidad se siente a través de su escrito, y puedo sentirla animándome. Ella presenta pasos simples, fáciles de seguir e incluye mucha diversión en el camino."

Melanie Smithson, MA, LPC, BC-DMT, CHT

www.melaniesmithson.com

Autora de *Stress Free in 30 Seconds*

"Toma acción y haz lo que te hace sentir bien. Esto es por lo que el libro de Mayra te encamina o mejor dicho te recorre. Me transporté al momento en que corrí un maratón y a las acciones que tuve que hacer para así lograr mi meta. *Corre tu carrera* te hará sentirte inspirado y sin miedo de lo que hay hacia delante."

Pete Winiarski Autor #1 de Amazon

www.DailyActionLog.com

"¡La vida pasa! Las horas rápido se convierten en días, los días en semanas, las semanas en meses, y los meses en años. Mi amiga y compañera de responsabilidad, Mayra Lladó, compara de forma brillante la vida con correr un maratón en *Corre tu carrera*. Como Dentista Cosmética exitosa, empresaria, Coach de Éxito, amante de la vida y maratonista, Mayra conoce lo que es necesario para poner en su mira metas grandiosas y crear pasos incrementales para lograrlas en tiempo record. Resultando en una vida increíble en la cual muchos solo sueñan experimentar. Este libro de paso acelerado te inspirará y enseñará como convertirte en la mejor versión de ti y crear la vida de tus sueños—¡paso a paso!"

Denny Noneman, Corredor de Bienes Raíces Comercial,
Toledo, Ohio

"El libro *Corre Tu Carrera* es uno de mis grandes favoritos por dos razones. Primero, llegó a mi vida en el momento correcto, justo cuando estaba listo para aprovechar al máximo sus lecciones. Segundo: su contenido. Mayra nos presenta unos fundamentos universales para crecer y alcanzar el éxito en nuestras vidas. Y los explica de una manera sencilla, clara, directa. Eso es lo especial de este libro. La analogía de correr una carrera, ir paso a paso tras nuestras metas... disfrutando el camino, aun cuando éste se ponga difícil. ¡Gracias, Mayra!"

Cristóbal Colón

www.cristobalcolon.net

"Si estás buscando como vencer obstáculos que te impiden lograr tus metas y alcanzar el éxito que deseas, este libro es para ti. Con historias y anécdotas basadas en su experiencia venciendo los retos hacia la meta de correr su primer maratón, en *Corre tu carrera*, la Dra. Mayra Llado, nos presenta estrategias simples de desarrollo personal que te permitirán descubrir como acoplar tu vida, relaciones y sueños para vencer cualquier obstáculo con éxito. Sólo tu corres tu carrera, Mayra te acompañará de la mano con esta inspiradora historia."

Martiña Reyes. NLP Master Mentor
www.TheMindPowerLab.com

"Este libro tiene alma, su autora Mayra Lladó es una mujer brillante y una excelente transmisora de valores. Así es cómo enfrenta la vida y este libro que tienes ahora en tus manos es el resultado de mucho tiempo y dedicación para llegar a predicar con el ejemplo. De forma práctica y sencilla propone cómo alcanzar nuestros objetivos para ayudarnos a creer en lo imposible. A tope!"

Lourdes Carmona
www.listosparadespegue.com

"La Dra. Mayra Lladó en su libro; *Corre tu carrera* comparte pasos de acción fáciles de implementar y principios de éxito comprobados los cuales le han ayudado a ella y muchos otros convertir lo que parecía imposible en posible y lograr sus sueños. Es una lectura rápida, divertida y reconfortante y a su vez poderosa en su mensaje. Aplica los pasos de acción al final de cada capítulo y experimentarás tremendo crecimiento y llevarás tu vida al próximo nivel de éxito y cumplimiento."

Carlos y Cecy Marin
Entrenador Internacional, Orador y autor del libro de mayor venta
La Formula de Éxito Ilimitado
www.carlosmarin.com

¡Motiva e inspira a otros!

"Comparte este libro"

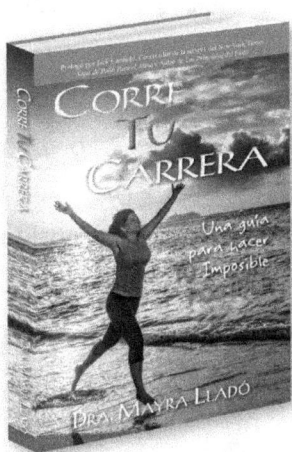

Al detal $18.88

Descuento especial por cantidad

5-20 Libros	$16.88
21-99 Libros	$14.88
100-499 Libros	$12.88
500-999 Libros	$10.88
1,000+ Libros	$8.88

Para hacer un pedido contactar:

info@mayrallado.com

www.mayrallado.com

www.corretucarrera.com

¡LA ORADORA PROFESIONAL IDEAL PARA SU PRÓXIMO EVENTO!

Cualquier organización que quiere desarrollar a sus integrantes a ser líderes "extraordinarios," necesita contratar a la Dra. Mayra Lladó para una conferencia y/o taller de adiestramiento.

Para contratar a la Dra. Mayra Lladó para presentar en su próximo evento:

Descarga Tu Diario de Entrenamiento
Corre tu Carrera—**¡Gratis!**—Para acompañar
e implementar las estrategias que
encuentras en este libro.

Lo consigues en www.corretucarrera.com

Este libro es dedicado a mi alma gemela y compañero de vida, mi esposo Antonio, y a todos los que quieren ser más, hacer más y tener más en su vida.

Contenido

Prólogo

Muchas personas no viven la vida que verdaderamente desean vivir porque se ponen límites en lo que piensan que pueden hacer. Parte de mi misión y propósito en la vida ha sido inspirar y empoderar a las personas a vivir su más alta visión de vida.

La Dra. Mayra Lladó es una de esas personas. Ella ha estado intensamente involucrada en descubrir y vivir su propósito de vida, al aplicar estos principios de éxito y acceder a sus pasiones y su potencial.

He sido testigo de su proceso de transformación a través de los años que ella ha sido mi estudiante en muchos de mis programas de adiestramiento. Ella vive su mensaje. Ambos, ella y su esposo, han servido como asistentes de adiestramiento en mis programas de "Breakthrough to Success" y "Train the Trainer". Mayra anda el camino y ahora, corre la carrera.

Me honra y llena de orgullo apoyarla en esta labor de amor e inspiración. En *Corre Tu Carrera*, ella comparte los principios que ha utilizado y los pasos que ha tomado para lograr metas que parecían ser imposibles para ella de primera intención. Haciendo lo imposible posible es su logro superlativo.

Su don de simplificar un concepto y crear una forma fácil de comunicarlo al lector, hace de este libro, uno de mucho disfrute e inspiración.

Seas un corredor, caminante o incluso, un sedentario, las historias y pasos de acción en este libro te ayudarán a descubrir las cosas que verdaderamente quieres ser, hacer, o tener y a la vez te proveerá pasos concretos para convertir tus imposibles en posibles.

Jack Canfield
Co-Creador de la serie #1 del New York Times *Sopa de Pollo Para el Alma,* Autor, *Los Principios del Éxito*
www.jackcanfield.com

Agradecimientos

Este libro fue inspirado por un libro de fotos que creé luego de haber corrido mi primer maratón, el 21 de octubre de 2006. Muchas personas lo leyeron y disfrutaron de las fotos, y me motivaron a escribir sobre cómo fue que logré una meta tan grande, para así inspirar a otros a hacer lo mismo.

Quiero agradecer a estas personas, al igual que, a todos los que han contribuido al nacimiento de esta labor de amor.

Primero que todo deseo agradecer a mi madre, Leticia, por su ejemplo de determinación y persistencia. Ella es mi héroe, quien me ha inspirado a siempre ir tras mis sueños. También deseo agradecer a mi padre, Víctor, por ser un gran ejemplo de lo que es diversificarse y tener la valentía de hacer las cosas diferente.

Estoy eternamente agradecida a mi esposo, Antonio, por su amor y apoyo incondicional en todo lo que hago. Tú eres mi amor, mi mejor amigo, mi socio, mi mentor, mi esposo: enriqueces todo lo que soy.

Agradezco a mi familia y amigos cercanos, por ser mis rocas y siempre alentarme con mis proyectos y metas. En especial a mi hermana

Rosana, mis amigos Nelissa, Gustavo, Vilma, Ernesto, Carly y Tito. A mi hermana Mónica por su labor de amor ayudándome a traer la publicación de este libro en español. Súper agradecida y orgullosa de su insumo con la edición y traducción del mismo.

Deseo reconocer a mi mentor, Jack Canfield, por dedicar su vida a ayudar a otros a descubrir su verdadero potencial y vivir su visión de vida más elevada. Me has inspirado genuinamente, con tu autenticidad, generosidad y ejemplo vivo de que estos principios funcionan cuando los aplicamos.

A Patty Aubrey, por ser un modelo para mí de lo que significa ir tras tus sueños y creer que es posible.

Al Jack Canfield Training Group: ¡Ustedes son todas estrellas de rock! Gracias por siempre ser tan alentadoras y apoyarme en todo lo que hago: Jesse, Andrea, Jody, Donna, Lisa y Verónica.

A mi amiga Kellie, por ser una de mis rocas y tenerme fe y confianza. Por montarse en un avión y volar a Lake Arrowhead para escribir su libro y por apoyarme y motivarme a escribir el mío.

A Jan Fraser por ser una inspiración y una increíble mentora y coach durante esta jornada de escritura; eres como una madre para mí.

A mis compañeros de responsabilidad, Ricky, Nathalie y Denny. Sin su apoyo, motivación, y sobre todo, sus esfuerzos de mantenerme en cumplimiento con mis metas, estoy segura que este libro me hubiera tomado mucho más tiempo llevarlo a su publicación.

A los miembros de mis grupos de "Master Mind": Michelle, Cindy, Ameesha, Nita, Monique, Rebecca, Saima, Samuel, Tom y Kelly. Todos ustedes me han acompañado en la mayor parte de esta jornada. Su retroalimentación y apoyo ha sido de un valor incalculable.

A Jackie y Alex, ambos me han servido de inspiración por su gran compromiso y apoyo. Estoy eternamente agradecida a ambos.

A Sean, gracias por ser mi coach, por ayudarme a poner a prueba mis ideas y escucharme. No se si estas conciente de cuánto me has ayudado a través de todo este proceso.

A Michelle y Jeff, por su historia inspiradora; estoy segura que conmoverá a muchos como me ha conmovido a mí.

Gracias Natalie por compartir tu historia durante nuestro tiempo juntas en "Train the Trainer" y permitirme incluirla en este libro. Sin duda, inspirará a muchos.

A Doña Ana, ¡por ser una gran inspiración para todos! Demuestras el poder de tener un sueño y lanzarte a cumplirlo sin importar la edad o situación en que te encuentres.

A Greg, por ser tan gran amigo e inspiración. Gracias por darme el privilegio y honor de ser parte de tu primer maratón.

A Chewi, por ser tan buen entrenador, mentor, coach y compañero de cumplimiento. Gracias por compartir tu corazón y liderazgo con tantos otros en nuestra bella Isla de Puerto Rico y más allá. Eres un verdadero hombre de carácter y servicio.

También quisiera reconocer y agradecer a Rick y Dick Hoyt por ser una inspiración para mí y miles de otros, cuyas vidas han tocado.

Quisiera agradecerle a Charlie Engle, Ray Zehab, and Kevin Lin. Lo que se propusieron lograr es algo que la mayoría de las personas nunca hubiese intentado. Son un verdadero ejemplo de lo que se requiere para lograr hacer lo imposible posible. Me han inspirado más allá de las palabras. También deseo reconocer a Matt Damon por la producción del documental "Running the Sahara" y también, por co-fundar www.H2OAfrica.org junto a los corredores. Esta iniciativa ahora se conoce como www.water.org, y junto a otros, están ayudando a poner agua limpia y segura en las manos de todos.

Por último, pero no menos importante, quisiera reconocer a todas las personas que han tenido la valentía y determinación de ir tras sus sueños, a pesar de cualquier obstáculo o limitación percibido; me inspiran y llenan de orgullo. ¡Gracias por correr su carrera!

Introducción

Cuando le digo a las personas que he corrido un maratón, la mayoría de las veces parecen estar sorprendidas y dicen: "¡Wow! Yo nunca podría hacer eso." Eso es precisamente lo que yo pensaba antes de decidir que quería correr mi primer maratón. Había corrido cuando estaba en la escuela superior, y un día, luego de correr en la calle, me lastimé las espinillas. Desde entonces decidí que correr no era para mí.

En el 2004 mientras me miraba al espejo, le dije a la persona que me miraba, "¿Quién eres? ¿De quién es la vida que estás viviendo?, ¿Es lo que verdaderamente quieres?" ¡Boom! ¡Justo entre los ojos me dio! Definitivamente, esa no era MI VIDA; me sentía como si estuviera viviendo la vida de otra persona. ¡Wow! ¿Y ahora qué? No estaba segura cómo lo iba a hacer; ¡solo sabía que tenía que dejar de vivir la vida de otra y empezar a vivir la mía!

Ese fue el día que dejé de conformarme. Fue el día que no solo comencé a diseñar la vida que quería, sino que fue el comienzo de vivir la vida que siempre había soñado. Esa decisión dio lugar a un número de eventos claves que me han llevado al lugar donde me encuentro hoy.

El primer paso fue, ¡reclamar mi vida! El correr me proveyó el vehículo que me permitió, poco a poco, comenzar a reclamar y parear lo que estaba pasando en mi interior con lo que me estaba pasando en el exterior. Un amigo fue el que me sugirió que empezara a correr. ¡Sinceramente, cuando me lo sugirió pensé que estaba completamente loco! Le dije, "¿Correr? ¡Dios mío, qué aburrido!" Él me respondió, "No lo es. Ven a correr con nosotros en la vereda del Parque Central un día de estos y verás."

Un día me presenté al parque y corrimos como cuatro millas. Pensé: "Eso no fue tan malo. Realmente fue divertido y energizante." Fue una agradable sorpresa sentirme tan bien después de correr. Luego, de esta única experiencia, quedé enganchada.

Al día siguiente, no fue tan divertido, ya que mis piernas estaban muy adoloridas por la corrida del día anterior, y me habían salido ampollas en los pies por no llevar los zapatos adecuados. Decidí ir a una tienda especializada en zapatos y atuendos de correr. Me compré un par de zapatillas y varios conjuntos de ropa, todos coordinados por color, ¡por supuesto! Hasta me compré un reloj para poder monitorear mi paso y distancia. ¡Cualquiera diría que era una corredora elite!

Comencé a correr dos días a la semana, luego tres, luego cuatro, y luego comencé a hacer una carrera larga en los fines de semana. ¡Empezaban a las 4:30 a.m.! ¡SÍ, LO SÉ, ES MUY TEMPRANO! Aquí en Puerto Rico se puede poner bastante caluroso, por lo que, si vas a correr más de seis millas es una buena idea comenzar temprano cuando la temperatura está más fresca.

Después de poco tiempo decidí correr un 10K (Carrera de 6.2 millas). ¡Para mí, esto era inmenso! Luego, continué corriendo mayores distancias y completé muchos 10K y algunos medio maratones (13.1 millas/21K).

En el 2006, dos años después de haber corrido mis primeras cuatro millas, decidí que quería correr un maratón completo: ¡26.2 millas! ¡42Kilómetros! Realmente, no sabía cómo se suponía que lo iba a lograr; lo único que sí sabía era que otros lo habían hecho antes de mí, y ahora, yo quería hacerlo también. Un dato importante es recordar: que uno no decide correr un maratón y enseguida sale a correr y completarlo. Correr un maratón es igual que lograr cualquier otra meta grande o pequeña: escalar una montaña, completar un evento de *Iron Man*, comenzar un negocio, o aprender un lenguaje nuevo. Cual sea tu meta, existen unos principios que tienes que aplicar y seguir para poder tener éxito.

Luego de correr mi primer maratón, sentía que literalmente, ¡podía hacer cualquier cosa! Nunca había pensado que lo haría. Haberlo hecho, me ha dado la valentía y la confianza de hacer cualquier cosa que me proponga, aunque no sepa inicialmente cómo ni dónde comenzar. Lo único que tengo que hacer es aplicar los principios a mi próxima meta, tomar acción, un paso a la vez, y eventualmente, llego a lograrla.

Si siempre has deseado hacer algo muy grande y no sabías cómo, este libro es para ti. Si has tenido miedo de tomar riesgos y salirte de tu zona de confort para poder lograr las cosas que quieres, este libro es para ti. Si has estado esperando el momento perfecto para hacer las cosas que son realmente importantes para ti, este libro es para ti. Es para todo aquel que desee ser imparable, que desee trascender a otro nivel en su vida.

En este libro aprenderás cómo hacer lo que amas y lograr tus sueños en tus términos.

Capítulo 1

La pregunta que puede cambiar tu vida

> "*Tu tiempo es limitado, así que no lo desperdicies viviendo la vida de otro. No estés atrapado por dogma—que es vivir con los resultados de lo que otros piensan. No permitas que el ruido de las opiniones de otros ahogue tu voz interior. Y lo más importante, ten la valentía de seguir tu propio corazón e intuición. Ellos de alguna manera ya saben lo que verdaderamente quieres ser. Todo lo demás es secundario.*"
>
> **~ Steve Jobs**

¿Qué harías si supieras que no puedes fracasar? ¿Escalarías una montaña? ¿Bajarías de peso? ¿Completarías un evento de *Iron Man*? ¿Correrías un Maratón? ¿Empezarías un negocio? ¿Escribirías un libro? ¿Vivirías en otro país? ¿Revelarías tu amor por alguien? ¿Te lanzarías en paracaídas?

En el 2006, yo decidí correr mi primer maratón. Un maratón es una carrera de 26.2 millas o 42 kilómetros. Llevaba como dos años corriendo y había completado algunos 10K. Hasta ese momento, 13 millas era la distancia más larga que había corrido. Decidirme a correr 26.2 millas daba miedo, pero, era muy emocionante a la vez. A pesar de no saber cómo lo iba a manejar, sabía que cuando lo lograra me iba a sentir que podría lograr cualquier cosa.

Contesta la pregunta

¿Qué harías si supieras que no vas a fracasar? Recuerda, la única manera en que puedes fracasar en algo es si te quitas o si nunca comienzas. Cuando contestas esta pregunta te permitirás revelar tus verdaderos deseos y sueños, y realmente dar con tus pasiones. La mayoría de las personas que no tienen lo que quieren, o que no están viviendo con pasión, sencillamente, no han decidido qué es lo que verdaderamente desean.

> No hay límites en la mente de un niño.

¿Has notado cómo los niños no tienen ningún problema con esto? Ellos saben lo que quieren, lo vocalizan y persisten hasta que lo consiguen. Otra cosa que hacen los niños es que piensan con una imaginación increíble. No hay límites en la mente de un niño. Un paciente mío me trajo a su hija de 5 años, Sofía, para hacerle una limpieza dental. Le comenté que Sofía me recordaba a mi sobrina, Irene, quien tenía la misma edad. Compartí los deseos de Irene de viajar a Inglaterra a conocer a los chicos del grupo musical *One Direction*. Mi paciente me dijo, "que coincidencia. Pregúntale a Sofía lo que ella quiere hacer en Inglaterra." Así que le pregunté. Sofía rápido me contestó, "Yo voy a construir un hotel, y va a tener tres piscinas, y tú sabes, uno de esos sitios en donde alguien te da un masaje." Yo dije, "¿Un Spa?" "¡Sí, un Spa!", me contestó, "y puedes traer a tu perro porque los perros se pueden quedar en el hotel. Oh…y va a ser gratis." ¡Hablando de claridad! Yo podía literalmente ver su hotel mientras me lo describía con tanto entusiasmo y confianza.

¿Qué le ha pasado a ese niño en ti? ¿Aún puedes soñar tan grande? Muchas personas han enterrado su habilidad de soñar junto a su confianza de ser, hacer y tener las cosas que más desean en su corazón. Muchas veces esto es el resultado de la programación que viene de nuestros padres, maestros, mentores, pares y hasta los medios. Algunas cosas que tal vez hayas escuchado cuando niño o hasta en la adultez pueden ser las siguientes:

- "No toques eso."
- "Aléjate de allí."
- "El dinero no crece en los árboles, sabes."
- "Tú no quieres hacer eso."
- "¿Por qué querrías hacer algo así?"
- "Tú no te sientes así en realidad."
- "Nunca serás exitoso en eso"

Podría literalmente llenar el resto de este libro con frases de programación. ¿Hubo frases que escuchaste mucho mientras te estabas criando? ¿Puedes ver cómo podrían estar limitando tu visión para ti y para tu vida?

Para poder vivir tus pasiones, necesitas redescubrir tu niño interior. Puedes volver a conectarte con tu niño interior y recobrar tu poder. Existen varias técnicas y estrategias para ayudarte a hacer precisamente eso.

Reclama tu poder

Mi esposo y yo le comenzamos a enseñar a nuestra hija, Claudia Sofía, este concepto cuando iba a cumplir los 14 años. Le preguntamos, "Claudia, ¿qué deseas hacer para tu cumpleaños?" Ella contestó, "No sé." ¿Te suena familiar? Así que le hicimos una pregunta adicional, "Claudia, si supieras, ¿qué desearías hacer?"

¿Alguna vez has respondido de la siguiente manera cuando te han pedido tu insumo u opinión sobre algo?

- "No sé"
- "Lo que tú quieras"
- "No me importa"
- "Me da lo mismo"
- "Lo que sea"

En todas esas instancias, le diste el poder de escoger a otra persona. ¿Por qué? La mayoría de las veces queremos agradar y complacer a la otra persona; otras veces, es más cómodo que otro decida porque si no resulta bueno, podemos decir que no tuvimos nada que ver con eso. ¿O sí tuvimos que ver? La verdad es que aunque pienses que no hiciste una elección, sí la hiciste: elegiste no elegir.

> *La verdad es que aunque pienses que no hiciste una elección, sí la hiciste elegiste no elegir.*

La próxima vez que alguien te pregunte qué quieres comer, o qué te gustaría para tu cumpleaños, en vez de decir, "no sé", o "no importa", pregúntate, "¿si supiera, que comería?" o "Si me importara, ¿que desearía?" ¡Está en tí! Al hacer elecciones pequeñas como estas, comenzarás el proceso de reclamar tu poder y tu niño interior, quien una vez estuvo vivo y coleando dentro de ti con grandes sueños y deseos emergerá nuevamente. Sí, ese niño que no conocía límites.

El Reto de 5-Minutos "¿Qué tú quieres?"

Para llevar esto al próximo nivel y realmente comenzar a comprender qué es lo que más deseas en tu corazón de corazones, dedícale tiempo para descubrirlo. Tal vez estés pensando, "¿Cómo?" Puede ser bastante sencillo. Empieza con un amigo o ser querido, a quien verdaderamente respetas y en quien confías, y pídele que te pregunte, repetidamente, por cinco minutos, "¿Qué tú quieres?" Puedes hacer esto con tus ojos cerrados, si prefieres. Esto podría permitir que logres una concentración más profunda ya que no estarás pendiente de cómo está respondiendo la otra persona a tus respuestas, pues no lo estarás viendo. Pídele a tu amigo que escriba todo lo que dices. Esta actividad puede ser bien profunda, ya que al principio podrías notar que estás diciendo cosas que quieres que son más tangibles y al terminar podrás decir cosas que son más intangibles al profundizar más en la actividad. Por ejemplo, amor, diversión, paz, aventura, felicidad, etc.

101 Metas

Otra cosa divertida que puedes hacer es sentarte y contestar la pregunta: ¿Qué harías si supieras que no puedes fracasar? O tal vez, ¿qué harías si el dinero no fuera un obstáculo? Has una lista de 101 cosas que quieres ser, hacer o tener antes de irte de este mundo.

Mi esposo, Antonio, y yo hicimos esto antes de casarnos. Fuimos a cenar una noche y me llevé papel delineado y bolígrafos de colores. Le di unas cuantas hojas y un bolígrafo y le dije, "Ok, vamos a crear nuestra lista de 101 metas." Él me miró como quien dice, "¿En serio?" Le dije, "Confía en mí. Esto va a ser divertido." Solo escribe todo lo que quieras ser, hacer o tener antes de dejar este mundo. ¡No hay límites! El dinero no importa, y la única forma de fracasar es si no vas tras ello o si te quitas.

Así que cada cual escribió en su propia hoja y luego de 15 minutos compartimos lo que habíamos escrito. ¡Era tan emocionante! Mientras compartíamos lo que habíamos escrito, nos dimos cuenta que había algunas cosas que eran las mismas; también comencé a tomar ideas de lo que Antonio había escrito y vice versa. Continuamos escribiendo 15 minutos más y volvimos a compartirlo. ¡Nos divertimos tanto esa noche soñando juntos!

Hemos logrado muchas de las cosas que escribimos esa noche. Hemos ido a Disney dos veces con nuestra familia completa; hemos visto a Andrea Bocelli, Yanni y Journey en concierto. Hemos ido a degustar vinos en California en una Corveta; ido a Las Vegas por diversión; hemos corrido maratones en dos países diferentes, Buenos Aires, Argentina y Berlín, Alemania. Nos casamos en la playa, comenzamos juntos un negocio, hemos compartido el escenario y hemos hecho muchas amistades que enriquecen nuestras vidas. Vivimos en un estado de gratitud, buscamos oportunidades en los retos, y la lista no termina.

¿Cómo catalogarías la calidad de tu vida hasta este momento en una escala del 1-10? Utiliza la siguiente escala: 1 representa que no es muy buena, nada extraordinaria, y 10 que estás completamente realizado, feliz, emocionado, lleno de amor dado y recibido. En esencia, un 10 significa que estás viviendo en la expresión total de tu propósito de vida. Independientemente de cual sea el número, pregúntate: "¿Por qué tan alto?" Escribe todo lo que hace esta valoración cierta. Luego pregúntate: "¿Qué tendría que ocurrir para que fuera un 10?" Aquí es donde tienes la oportunidad de llevar tu vida a otro nivel. Dale pensamiento. Si ya has hecho algunas de las actividades mencionadas en este capítulo, ya tienes una idea de cómo hacer esto una realidad.

Asumir el 100% de responsabilidad

Muchas personas pasan la vida pensando que de alguna manera ellos no tienen suerte o que son víctimas porque las cosas nunca van a su favor. Estas son las personas que no están asumiendo la responsabilidad por sus vidas y solo están de paseo con aquellos quienes si lo han hecho y andan en un camino claro. Puedes decidir hoy asumir el 100% de responsabilidad de tu vida y bienestar personal. Lo que esto significa es que tu puedes controlar tus pensamientos, comportamientos y las imágenes visuales en las cuales te enfocas.

Por ejemplo, ¿alguna vez has notado como dos personas en la misma situación pueden tener dos experiencias completamente diferentes? Una noche, mi esposo y yo estábamos cuidando a mi sobrina y sobrino (edades 5 y 4). Mi cuñado, Che, llamó para dejarnos saber que vendría a buscarlos. Vivíamos en un edificio de siete pisos y nosotros estábamos en el tercer piso. Era un edificio viejo y la luz del ascensor a veces prendía y otras veces no prendía. Esta era una de esas veces en donde no prendió. Mientras nos montamos en el ascensor para descender, escuchábamos canciones en mi iPhone, ya que a mi sobrino le gusta mucho la música. La puerta cerró y a oscuras, notamos que el ascensor no se movía.

Esto ya me había ocurrido unas semanas antes. Mi esposo, Antonio, prendió la linterna de su teléfono y me di cuenta que había traído unas cuantas Medallas, nuestra cerveza local (una para mi cuñado y la otra para él), procedió a abrir una lata, me la dio mientras abría la otra para él. Luego de unir las latas y decir "salud", procedió a llamar a nuestro vecino de arriba, Papo, y a la compañía de servicio del ascensor.

Irene, Joaquín, Antonio y yo estábamos bailando y cantando en el ascensor mientras esperábamos a que alguien abriera la puerta. Mi cuñado llamó a ver por qué la demora en bajar. Le dije que estábamos esperando que nuestro vecino, Papo, nos ayudara con algo y que pronto bajaríamos. Ya habían transcurrido alrededor de cinco minutos, por lo que le envié un texto a mi cuñado para que supiera que estábamos esperando que el vecino o el técnico del ascensor nos abriera la puerta para poder bajar.

> *Tú puedes crear el resultado que quieres, cambiando tú respuesta.*

Papo finalmente pudo abrir la puerta y llegamos abajo por las escaleras. ¡Fue una gran aventura para los cuatro! Desafortunadamente, la Medalla de Che nunca le llegó. Esto fue bien divertido para nosotros por la manera en que escogimos responder al evento. Si hubiese sido nuestra vecina de al lado quien se hubiera quedado atorada en el ascensor, tal vez hubiésemos tenido que llamar a la ambulancia por sí le daba un infarto.

Todos tenemos el poder dentro de nosotros para escoger cómo respondemos a los diferentes eventos que enfrentamos diariamente. Al cambiar tu respuesta tú puedes crear el resultado que quieres.

Resultados negativos imaginarios y el miedo

¿Qué es lo que te detiene de intentar hacer las cosas que quieres hacer? Excusas, miedo, no saber cómo hacer lo que quieres hacer, falta de autoestima y confianza, prepararte para prepararte, no creer que es posible para ti. ¿Cómo remueves estos obstáculos para ir tras el premio?

¿Cuáles son algunos de los miedos comunes que enfrentas que pueden convertirse en obstáculos, deteniéndote del disfrute de las cosas que quieres?

- Miedo al fracaso
- Miedo al rechazo
- Miedo al juicio
- Miedo a verse ridículo
- Miedo a perder
- Miedo de no saber qué hacer

Probablemente puedes pensar en muchos otros. ¿Qué es el miedo? Muchos líderes del pensamiento describen el miedo como "experiencias falsas que aparentan ser reales", en inglés: *False Experiences Appearing Real* (FEAR). Nos asustamos a nosotros mismos imaginando los resultados negativos que tendríamos cuando intentamos hacer aquello que queremos o necesitamos hacer. Para sobrepasar esto escribe todas las formas en que te asustas a ti mismo hasta el punto de dejar de hacer lo que quieres. Por ejemplo, supongamos que quieres pedir un aumento a tu jefe. ¿Cómo te asustas a ti mismo y evitas hacerle el acercamiento? ¿Te imaginas que la contestación será no? ¿Pues qué ha cambiado? Nada cambia si la contestación es no. ¿Qué tal si la contestación es sí? Entonces estarías ganando más dinero. ¿Ves cómo puedes estar perdiendo oportunidades por el miedo? Siempre pregúntate, ¿cómo te estás asustando y consecuentemente, evitando accionar hacia el logro de tus metas y deseos?

A veces no es tan sencillo como eso y existen pensamientos limitantes a raíz de tu miedo. Como me compartió un amigo recientemente, solo existen dos miedos verdaderos: uno es el miedo de caer y el otro es el miedo a ruidos fuertes inesperados. Los demás miedos son realmente conductas aprendidas.

Existen muchas maneras en las que puedes reemplazar un pensamiento limitante con uno que te empodera y te llene de deseos de accionar. Si descubres que aquí yace la raíz de tus miedos, puedes considerar utilizar alguna de ellas. Algunas de estas maneras incluyen, las técnicas de liberación emocional ("EFT" por sus siglas en inglés), el Método Sedona, el Método RIM, la NLP (programación neurolingüística), y trabajar con un Coach que te guie, puedes encontrar más información sobre cómo utilizar estas técnicas y otras en la sección de recursos de este libro.

Registro de victorias

¿Cómo puedes mantenerte confiado y con fe? Una forma bien divertida es repasar tus éxitos previos. Te puedes referir a esto como un registro de victorias. Existen varias formas de hacerlo. Puedes dividir tu vida en tercios, y hacer una lista de los éxitos del primer tercio, el segundo tercio y el último tercio. Luego, para hacer fluir tu imaginación podrías imaginarte los logros futuros que harás en ese último tercio. Tal vez estás pensando ahora mismo: "¡No he tenido muchos éxitos en mi vida, esto podría resultar deprimente!" Pues vamos a examinarlo: ¿cuándo eras un bebé instantáneamente supiste cómo hablar y caminar? No, no naciste sabiendo estas cosas, sino que aprendiste cómo hacerlas. Otros éxitos que has tenido podrían incluir aprender a tocar un instrumento o jugar un deporte, aprender a cocinar, ayudar a otros, obtener tu licencia de conducir, etc. Estoy segura que ya has pensado en muchos otros ahora.

El mantener un registro diario de tus victorias y éxitos puede ayudar. Es algo que puedes hacer antes de acostarte a dormir. Además de anotar tus victorias, otra cosa que puedes anotar al levantarte en la mañana o antes de acostarte a dormir son las cosas que experimentaste durante el día o de las que estas agradecido en general. El enfocarte en lo que tienes y en aquello por lo cual estás agradecido te hará más receptivo a recibir y experimentar más de lo que disfrutas y quieres.

> El enfocarte en lo que tienes y en aquello por lo cual estás agradecido te hará más receptivo a recibir y experimentar más de lo que disfrutas y quieres.

Capítulo 1 Pasos de acción

"En 20 años estarás más decepcionado por las cosas que no hiciste que por las cosas que sí hiciste. Así que suelta los amarres, navega alejado del puerto seguro. Atrapa los vientos alisios en tus velas. Explora. Sueña. Descubre."

~ Mark Twain

1. Contesta la pregunta: ¿Qué harías si supieras que no puedes fracasar?
2. Retoma tu poder y ejercita tu derecho de escoger cuando tengas la oportunidad.
3. Pídele a un amigo o ser querido de confianza que te rete por cinco minutos preguntándote repetidamente "¿Qué tú quieres?" y que escriba todas tus respuestas.
4. Prepara una lista de 101 metas
5. Asume el 100% de la responsabilidad. Al cambiar tu respuesta tú puedes crear el resultado que quieres.
6. Deja de imaginar resultados negativos y vence tu miedo.
7. Crea un registro de victorias y éxitos diarios.

Capítulo 2

¿Dónde comienzas?

"*Cuando sabes lo que quieres y lo quieres lo suficiente, encontrarás una manera de obtenerlo.*"

~ Jim Rohn

Cuando decidí correr mi primer maratón, realmente no sabía cuál deseaba correr, cómo entrenar para él, o tan siquiera cómo poder participar. Era un mundo totalmente nuevo para mí. Lo que sí sabía era que quería hacerlo, y lo quería hacer ese año, el 2006.

Ya para entonces, llevaba unos cuantos años corriendo, había corrido un sin número de carreras 10K y algunas Carreras de 21K, aquí en Puerto Rico. Había hecho muchas amistades desde que empecé a correr y noté que algunos pertenecían a diferentes clubes de corredores. Me pareció buena idea formar parte de un club, ya que en los clubes planificaban correr maratones juntos y se daban apoyo mutuo durante el entrenamiento. Así que, eso fue lo hice. Escogí unirme al club que mi entrenador dirigía.

Allí conocí a personas con quien hablar sobre su experiencia de correr un maratón. Personas que habían hecho lo que yo quería hacer y que habían tenido éxito lográndolo. Le dije a mi entrenador que quería correr un maratón y que quería que me entrenara para el mismo. Me preguntó, "¿cuál maratón interesas correr?" Y le indiqué que no sabía. Le pregunté, "¿cuál me recomiendas que corra?" Me dijo, "nuestro club va a ir al maratón de Nueva York este año, ¿por qué no intentas entrar en ese?" Él me explicó cómo entrar al maratón, "te registras en la lotería o tienes que cualificar por el tiempo". Así que me registré en la lotería. Sobre 100,000 personas se registran para el maratón de Nueva York todos los años y solo 47,000 tienen la oportunidad de correrlo.

En el momento de sacar la lotería mi nombre no fue escogido. Pensé, "¿y ahora qué?" Mi entrenador me dijo que debería intentar el Maratón de Chicago. Así que me conecté al Internet a la página del de Maratón de Chicago para registrarme y me encontré con que la registración había cerrado, habían llegado a su capacidad de 40,000 participantes. ¿Ahora qué? No me iba a dar por vencida. Continué explorando, hasta encontrar una página de tours de maratones que ofrecía una entrada para el Maratón de Chicago. El único requisito era reservar el hotel a través de ellos y me garantizaban mi entrada al maratón. ¡Sí! Mi persistencia dio resultados. Ya había comenzado. Estaba registrada para la carrera; sabía cuándo iba a ocurrir y dónde. Ahora solo necesitaba prepararme para poder correr 26.2 millas el 22 de octubre de 2006 en Chicago. Era la primera semana de junio, por lo tanto, tenía 16 semanas para entrenar.

Escoge una meta y enfócate

¿Cómo estamos? ¿Sabes lo que quieres lograr? Puede que te encuentres extremadamente emocionado ahora mismo o extremadamente abrumado… o ambos. ¿Dónde empezamos? Primero dale un vistazo a la lista que has preparado. Clarifica tus metas y ponles un marco de tiempo. Elije una. ¡Elije la que deseas lograr y que al lograrla te hará sentir que puedes lograr cualquier cosa!

> "Si no sabes a dónde vas, terminarás en otro lugar."
> **Yogi Berra**

Ahora enfócate. Sé extremadamente claro sobre la meta e incluye cada detalle. Por ejemplo, si tu meta es aprender a hablar otro idioma, entonces necesitas escoger cuál deseas aprender a hablar. De otra manera, ¿cómo vas a saber qué has logrado tu meta? Como dice Yogi Berra, "si no sabes a dónde vas, terminarás en otro lugar." ¿Cómo vas a saber cuál es tu próximo paso lógico si no eres específico?

Recientemente estaba ayudando a uno de mis participantes en un taller. Él había escrito algunas metas, le pedí que me las leyera. Él comenzó con su meta financiera. "yo quiero ganar más dinero", me dijo. Le di un dólar y le dije, "ya, ahora tienes más dinero." Me miró confundido. Le expliqué, "Para que tengas lo que verdaderamente quieres, tienes que ser bien claro y específico porque el universo trabajará para ayudarte a obtenerlo. Ves ya funcionó." "Pero yo quiero ganar más dinero que eso", me dijo. "¿Cuánto más?", le pregunté. "Pues no sé", dijo él. Yo le respondí, "Si supieras, ¿cuánto más quisieras ganar?"

Esta es la parte importante. Tu meta debe ser medible en el tiempo y el espacio. ¿Cuánto y cuándo? Sé específico, de tal manera que otra persona pueda verificar si lo has logrado o no. También es una forma de siempre poder evaluar cuán cerca o lejos estás de lograrlo. Es muy difícil darle a un blanco si no estás consiente de él o no estás enfocado en él. Por otro lado, cuándo conoces tu objetivo, y estás enfocado en él, puedes dar con él más rápido y con mayor facilidad.

Encuentra un mentor o coach

Algo que verdaderamente me motivó cuando decidí correr el maratón, fue que me parecía algo muy significativo y grande para lograr. Nunca había corrido esa distancia anteriormente, sin embargo, conocía de otros que sí lo habían hecho, lo cual lo hacía parecer posible de lograr.

> Encuentra a personas que han hecho lo que tú quieres hacer.

Aún no sabía cómo, solo sabía que sí se podría lograr. Encuentra a personas que han hecho lo que tú quieres hacer. Puedes encontrarlas en libros, en tu comunidad, o en línea. Si puedes encontrar alguien en tu comunidad, la ventaja es que podría estar dispuesto a ayudarte a lograr tu meta. Si encuentras a alguien en la Internet puede funcionar también a través de Skype u otros medios de comunicación. La distancia ya no es un obstáculo.

Investiga tu meta

¿Qué te detiene? Usualmente nos detenemos a nosotros mismos. Nos ponemos límites sobre lo que pensamos que podemos o no podemos hacer. O es que no conoces a nadie que ha hecho lo que quieres hacer. Tal vez pienses que si no tienes evidencia de que puede lograrse, ¿por qué intentar? Aquí es donde se ponen las cosas bien emocionantes.

Recientemente vi el documental *Running the Sahara*. Es la historia de tres corredores, quienes deciden que quieren ser los primeros en correr a través del desierto del Sahara. Cuando se propusieron esa meta originalmente, lo único que sabían era el qué y el por qué lo deseaban hacer. Les tomó dos años la planificación de la expedición. Corrieron más de 4,800 millas en 111 días a través de seis países. Lo que hace la historia maravillosa, es el hecho de que decidieron ser los pioneros.

Siempre tiene que haber un pionero, alguien o un grupo de personas que decide que quiere abrir el camino. Roger Bannister fue un pionero. El rompió el récord en la milla de cuatro minutos. Luego que él lo lograra, muchos otros lo siguieron. Para este tipo de meta pionera, querrás buscar la meta más similar a la tuya que se haya logrado. Esto te da un modelo de cómo acercarte a tu meta. Puede que requiera más de ese tipo de acción para lograrla o tal vez de acciones diferentes.

Repasa tu registro de victorias a menudo

Cuando te entra la duda repasa tu registro de victorias. Recuerda que no sabías hacer muchas de las cosas inicialmente, sin embargo, aprendiste cómo hacerlas y ahora son naturales para ti. El "cómo" no es importante en este momento. El "qué" y el "por qué" es lo que importa ahora.

Tu porqué

Ya conoces el "qué" de tu meta. Vamos a abordar ahora el "porqué". ¿Por qué es importante? El "porqué" es lo que te lleva a continuar moviéndote adelante hacia tu meta. Cuando estaba entrenando a mi equipo de ventas en el pasado, y estábamos trabajando con el establecimiento de metas, yo les pedía que escribieran 20 razones por las cuales querían lograr esas metas. Les expliqué que esto sería instrumental en mantenerlos motivados, sobre todo cuando las cosas se pusieran difíciles.

La manera más fácil de llegar a tu "porqué" es actuar como un niño curioso. Tú sabes cómo los niños te preguntan incansablemente, "¿por qué?" Les contestas cada vez y entonces, te preguntan ¿por qué?, nuevamente. Hasta el punto en que llegas a contestarles, "porque así es como es". Por ejemplo, Yo quería correr un maratón: "¿Por qué?" Porque quería retarme. "¿Por qué?" Porque quería lograr algo grande. "¿Por qué?" Porque me daría la confianza de ir tras otras metas más grandes. "¿Por qué?" Porque menos de 1% de la población de Estados Unidos puede decir que ha corrido un maratón.

> La manera más fácil de llegar a tu "porqué" es actuar como un niño curioso.

Una versión más poderosa de la pregunta "¿Por qué?' es: "¿Por qué es eso importante?" Volviendo a mi ejemplo del maratón, me pregunté, "¿por qué es eso importante?" Porque nunca pensé que lo pudiese hacer. "¿Por qué es eso importante?" Porque sabía que, si lo lograba, podría hacer prácticamente cualquier cosa. "¿Por qué es eso importante?" Porque entonces puedo ser, hacer y tener cualquier cosa si me lo propongo.

¿Y tú? Contesta las siguientes preguntas:

- ¿Por qué quieres lograr tu meta?
- ¿Qué significa para ti?
- ¿Qué significa para tu familia?
- ¿Qué significa para tu negocio o profesión?
- ¿En quién te convertirás en el proceso?
- ¿Qué oportunidades te traerá?
- ¿Cómo te sentirás al lograrlo?

¿Te puedes emocionar con esto? ¡SÍ, PUEDES HACERLO!

Comparte tu meta

Ahora que estás emocionado, comparte tu meta y tu visión con las personas que más quieres. Tu pareja, tus hijos, tus amigos cercanos. Hasta con tu perro o gato, si tienes uno. Explícales lo que requerirá el lograr tu meta, especialmente explícales los beneficios para ellos cuando la logres. Esto te asegurará que estén de tu lado dándote aliento desde el principio.

La historia de Natalie

Conocí a Natalie durante uno de los adiestramientos de Jack Canfield en donde formaba parte del equipo de apoyo. Ella vive en Los Ángeles y durante nuestro adiestramiento ella nos compartió una presentación que contaba la historia de cuando ella corrió su primer maratón. Cuando le pregunté a Natalie qué fue lo que la motivó a correr un maratón, ella me dijo que era algo que siempre había querido hacer y estaba en su lista de metas. Además de estar en su lista de 101 metas, ella decidió que lo quería hacer para alguna causa benéfica, de esta manera, inspirándola a entrenar y a poder terminar la carrera. Estaría corriendo en el Maratón de Honolulu llevándose a cabo el 9 de diciembre de 2001. Ella decidió que recaudaría fondos para el Proyecto de SIDA L.A. Me dijo, "una vez recaudé los $4,000, mi pasaje ya estaba pago, así que, ¡tenía que montarme en el avión y correr esa carrera!"

Natalie compartió su meta con cualquiera que la escuchara. Mientras más la compartía, más apoyo recibía y en cambio se comprometía aún más con lograr la meta. Algunas de las personas con quien la compartió también habían corrido un maratón y le dijeron que había sido una de las cosas más difíciles que habían hecho. Me comentó: "sinceramente, ¡eso me inspiró aun más!"

Algunos meses antes de que estaba supuesta a volar a Honolulu para el maratón, unos aviones se estrellaron contra las torres gemelas en la ciudad de Nueva York y causaron que las mismas colapsaran. Fue un momento donde muchas personas temían volar en avión. Muchos intentaron convencerla de no seguir hacia adelante con su meta. Ella estaba tan clara en su "porqué" y estaba tan comprometida que nunca le pasó por la mente no hacerlo.

Una semana antes del maratón, Natalie se enteró que su amiga de la infancia, Lizzie, quien vivía en San Francisco, también estaría corriendo en la carrera. Esto se convirtió en una razón aún más fuerte para que Natalie lograra su meta; ahora tenía la oportunidad de lograrla con alguien que conocía y quería mucho.

Siempre y cuando estés claro sobre "qué" y "por qué", el "cómo" comenzará a revelarse una vez comienzas.

¿Ahora, qué necesitas hacer? Escoge tu meta, se bien claro en qué es, y ponle una fecha en la cual ya la quieres haber logrado. Investiga a personas quienes hayan logrado lo que quieres lograr. Averigua si tienes el conocimiento y destrezas que necesitas para lograr tu meta. Si no los tienes, aprende sobre las nuevas destrezas o conocimientos que necesitarás. Recuerda, siempre y cuando estés claro sobre "qué" y "por qué", el "cómo" comenzará a revelarse una vez comienzas. ¡Así que, comienza!

Capítulo 2 Pasos de acción

"Puedes tener cualquier cosa que quieres, si la quieres lo suficiente. Puedes ser cualquier cosa que desees ser, hacer cualquier cosa que te propongas lograr si te aferras al deseo con un solo propósito."

~ Abraham Lincoln

1. Escoge una meta y enfócate en ella.
2. Sé claro en la meta y ponle una fecha límite para lograrla (Cuánto y Cuándo)
3. Encuentra un mentor o coach (a través de libros, en línea, o en tu comunidad)
4. Investiga tu meta (¿qué destrezas necesitas para lograr tu meta?)
5. Repasa tu registro de victorias a menudo.
6. Escribe tus razones para querer lograr tu meta (Tenlas donde las puedas ver diariamente)
7. Comparte tus metas con tu círculo íntimo (pareja, hijos, amigos cercanos)

Capítulo 3

¡Solo hazlo!

"*Fe es tomar el primer paso, aún cuando no ves la escalera completa.***"**

~ Martin Luther King

Una vez sabes lo que quieres con gran claridad y detalle, te has propuesto un tiempo límite para lograrlo, y has determinado tu próximo paso lógico de avance, ¿adivina qué es lo próximo? ¡Sí! ¡Tienes que tomar ese próximo paso!

Lo que separa a los exitosos de los no exitosos es la acción. Independientemente de cuál sea tu meta, correr un maratón, obtener tu bachillerato, tener tu propio negocio, comenzar una organización sin fines de lucro, o algo completamente diferente, tienes que comenzar con la acción. El próximo paso de acción podría ser, por ejemplo, comenzar tu adiestramiento, registrarte para el maratón, ir a solicitar un permiso de negocios, reunirte con la persona en tu comunidad que ya ha establecido una organización sin fines de lucro. Ya tienes la idea.

Deja de hablar de lo que quieres, ¡SOLO HAZLO!

En esta etapa muchas personas pueden sufrir de lo que yo llamo el "síndrome de prepararse para prepararse." En una ocasión tuve una idea para un negocio y comencé a organizarla en mi mente y hablaba sobre ella con mis amigos y mi familia. Investigué, investigué, e investigué y, sí, lo adivinaste, investigué más.

> Deja de hablar de lo que quieres, ¡SOLO HAZLO!

Lo gracioso de esto es que yo pensaba que lo estaba logrando al investigar y asegurarme de que conocía todo sobre esta idea de negocio antes de tomar algún paso. A esto también se le refiere como la "parálisis de análisis," donde sientes que tienes que saber absolutamente todo bajo el sol sobre el asunto antes de poder comenzar a hacerlo. ¿Llegué a comenzar aquel negocio? La contestación es no, porque la investigación excesiva me cerró el negocio antes de abrirlo. ¡Fue extenuante!

Toma el primer paso

Lo que aprendí de esta experiencia, es que las cosas no tienen que estar perfectas para uno comenzar y tener éxito. Recientemente, Antonio y yo nos preparábamos para uno de nuestros talleres de "Enciende tu Éxito". Fuimos a Sam's Club, en donde usualmente imprimimos nuestros folletos. José, el que nos atendía, imprimió una prueba para nosotros verificar y aprobar antes de imprimir los folletos finales. Al hacerlo, notamos que por alguna razón el orden de las páginas había cambiado y no correspondía al diseño original. El archivo había sido creado en Word para Mac, cuando José abrió el archivo en Word en su PC cambió todo el formato y la tipografía. Él sugirió que yo cambiara el original en mi computadora y se lo enviara por correo electrónico o que se lo llevara el próximo día.

Regresamos el próximo día en la mañana y Sheila, quien era la gerente, estaba en turno. Ella era muy tímida y no proyectaba mucha confianza en lo que estaba haciendo. Le entregué el dispositivo que contenía el archivo para que imprimiera otra copia de prueba. Comencé a verificar la misma y para mi sorpresa, las páginas cinco a la siete tenían una apariencia como de jeroglíficos. Habían muchos cuadraditos en el lugar donde deberían estar las letras. Ella intentó descifrar porque esto estaba ocurriendo. Ah, ¿mencioné que eran las 7:30 a.m. el día de nuestro taller, y que estábamos supuestos a estar en el lugar del mismo a las 8:30 a.m.? Antonio es bien puntual y le causa mucho estrés cuando estamos contra el reloj. Yo estaba sentada al frente de Sheila mandándole energía y pensamientos positivos. "Sheila, tú puedes resolver esto."

Ahora eran las 8:15 a.m. y aún no había progreso. Antonio se estaba poniendo muy ansioso. Sheila logró imprimir las páginas que habían salido con jeroglíficos por separado y salieron bien. De momento, Antonio dijo: "No tiene que estar perfecto, podemos trabajar con eso. Le diremos lo que debe estar escrito en los cuadrados y ellos los pueden llenar." Yo dije: "Okay, Sheila, vamos a imprimir por separado las páginas y le diremos a los participantes que las inserten en su lugar correspondiente." Esto funcionó perfectamente, ya que nos permitió usar la experiencia como un ejemplo vivo de enseñanza en nuestro taller, precisamente, en el tema de tomar acción y no esperar a que las cosas estén perfectas para hacerlo. Sí, terminamos con un folleto para nuestro taller aunque no exactamente como lo habíamos visualizado originalmente. Resultó ser hasta mejor, porque nos permitió demostrar el punto visualmente a nuestros participantes.

Deja de esperar por el momento perfecto, el día perfecto, la persona perfecta, por el tipo de letra perfecta para tu libro, por la inspiración, o que cada detalle esté claro, o que alguien te diga lo que tienes que hacer. ¡SÓLO TOMA EL PRIMER PASO!

Divide en acciones manejables

Cuando comienzas un nuevo proyecto o tomas el primer paso hacia una meta grande o pequeña, puedes sentirte abrumado al principio. Toma tu meta y divídela en acciones manejables, las cuales en conjunto te llevarán a tu destino. Hay un dicho que ilustra esto: "por la pulgada es fácil, por la milla es una prueba"

"Por la pulgada es fácil, por la milla es una prueba"

Cuando comencé a entrenar para mi primer maratón, lo manejaba de semana en semana y de día a día, en vez de enfocarme en el detalle de que estaría entrenando durante 16 semanas y que debía correr 20 millas al menos una vez antes del maratón. Estos detalles me hubiesen abrumado y hasta me hubiese cuestionado mi habilidad de lograrlo. Mi entrenador me enviaba mi tabla de entrenamiento para la semana; la repasaba para ver si tenía que hacer algún ajuste, como determinar qué día sería el de descanso para así poder organizar las demás obligaciones que tenía. Esto lo hice para asegurarme que no hubiese ninguna oportunidad de fallar en mi entrenamiento.

Además del entrenamiento, consideré mi dieta—qué alimentos le daría mayor energía, combustible y apoyo a mi cuerpo, para ser más efectiva durante mis sesiones de entrenamiento. También me aseguré que estuviera bebiendo suficiente agua a través del día y durante mis prácticas. Me aseguré de que estaba descansando lo suficiente. Nuestros cuerpos necesitan el descanso para reparar, regenerar y fortalecer los músculos que estamos trabajando y nuestro sistema de células necesita el descanso para asegurar que tienen la energía para comenzar y continuar el próximo día.

Mi entrenamiento no fue perfecto. Hubo días en dónde no comí muy bien y a veces salía con amistades y nos bebíamos algunos tragos. Hasta hubo días en donde estaba muy cansada o había permitido que otra cosa fuera más importante que tomar acción hacia mi meta. Sí, me sentía como un fracaso por un rato y me maltrataba por no mantener los acuerdos conmigo misma. Luego, recordaba que la única manera en que podía fracasar en esta meta era si ME QUITABA. El próximo día me presentaba para mi entrenamiento y me movía un paso más adelante en mi camino hacia mi meta.

> La única manera que puedes fracasar es si te QUITAS.

Estrategia:
Divide tu meta en acciones diarias manejables.

Recuerda:
La única manera que puedes fracasar es si te QUITAS.

Cinco hacia la meta

Algo que me ha ayudado mucho, es hacer una lista de cinco acciones que puedo tomar al próximo día que me moverán más cerca de mi meta. Esto no es una lista de quehaceres como, por ejemplo: llevar la ropa a la lavandería, ir al banco, llevar los niños a la escuela, limpiar la casa, etc. Cuando hagas tu lista y la repases pregúntate, "si completo esta acción, ¿estaré moviéndome más cerca de mi meta?" Si la contestación es sí, esta acción se queda en tu lista. Si la contestación es no, entonces piensa en algo que puedas hacer para moverte más cerca a tu meta y pon esa acción en tu lista. Estas acciones deben ser unas que no dependen de otras personas. Por ejemplo, si escribes "obtener referido de María para mi nuevo negocio", estas dependiendo de que María te de un referido para poder completar esa acción. Mejor escribe "llamar o enviar correo electrónico a María y pedirle un referido para mi negocio nuevo." Esta acción depende solo de ti.

Para que esta práctica tenga mayor impacto, puedes priorizar las acciones en tu lista. La primera acción debe ser aquella que te moverá hacia tu meta de una manera más significativa que las demás; luego coloca cada acción en el orden de importancia. Completa la acción de mayor prioridad primero. Esto te asegurará que aunque solo completes esa acción durante ese día, habrás hecho progreso significativo y estarás moviéndote más cerca a lo que quieres lograr. Al practicar esto encontré que mis días eran muy productivos y que me acercaba más a mi meta. Cuando lo hagas tú, verás cuánto te vas acercando a la tuya. Accionar consistentemente todos los días creará mayor impulso y confianza hacia lo que estas en camino a lograr.

> *Accionar consistentemente todos los días creará mayor impulso y confianza hacia lo que estas en camino a lograr.*

Esto es tomar 100% responsabilidad; una vez más, reconoce que crear excusas o echarle la culpa a algo fuera de ti, por tu falta de resultados o falta de acción, es poco productivo. Como diría Yoda, "¡No intentes, Hazlo!" Tú creas tu propia realidad. La travesía es la mejor parte y tu camino será único; te convertirás en quien te tienes que convertir en el proceso.

Préstale atención a la retroalimentación y haz los ajustes

Mientras progresas en tu camino, inevitablemente te encontrarás con retroalimentación positiva y negativa. Presta atención a la retroalimentación y utilízala para tu ventaja. Vamos a suponer que tu meta fuese reducir tu peso, y estás siguiendo un plan de reducción de peso para lograrla. Te comiste los alimentos recomendados, hiciste las rutinas de ejercicios, y dos semanas luego descubres que has aumentado cinco libras. Tu reacción inicial podría ser, "¡Wow! Después de tanto sacrificio y disciplina, no estoy viendo ningún progreso. Esto no funciona." Examina la retroalimentación y califica con más detenimiento. ¿Qué has notado? ¿Te sientes más pesado? ¿Tu ropa se siente más apretada? ¿Te han dicho otras personas que te ves como si hubieses aumentado de peso? ¿O es lo opuesto? ¿Te sientes con más energía? ¿Tu ropa se siente más suelta? ¿Alguna persona te ha dicho que te ves más delgado? Mi mentor, Jack Canfield, dice "si una persona te llama caballo, probablemente esté loco; si cinco personas te llaman caballo, podría ser una conspiración, pero si 20 personas te llaman caballo podría ser el momento de comprarte una silla de montar."

La retroalimentación te permite evaluar tu progreso hacia tu meta e identificar si te has desviado del camino. Siempre y cuando acciones, aún si te desvías del camino, si prestas atención a la retroalimentación podrás hacer los ajustes necesarios para eventualmente llegar a tu meta.

Continúa tomando pasos

Así que deja de hablar de lo que vas a hacer y, ¡SOLO HAZLO! Avanza un paso a la vez, presta atención a la retroalimentación, ajusta tu camino y continúa en tu travesía.

Capítulo 3 Pasos de acción

"Una travesía de mil millas tiene que comenzar con un solo paso."

~ Lao Tzu

1. Toma el primer paso.
2. Divide en acciones manejables.
3. Practica cinco hacia la meta
4. Préstale atención a la retroalimentación y ajusta cuando sea necesario.
5. Continúa tomando pasos.

Capítulo 4

¿Quién está en tu equipo?

> *Muchas personas quieren pasear contigo en la limosina, pero lo que tú quieres es alguien que tome el autobus contigo cuando la limosina se dañe."*
>
> **~ Oprah Winfrey**

Cuando me preparaba para correr el maratón de Chicago en el 2006, habían muchas personas que consideraba eran parte de mi equipo. Estaban mi Coach Chewi, mis padres, mi familia, mi mejor amiga Nel, mis compañeros del Club 1427, los corredores que veía mientras entrenaba en el parque central, mi futuro esposo Antonio, a quien estaba comenzando a conocer, y muchos otros. El punto es que cuando te propones lograr una meta grande necesitas un equipo. Un equipo para apoyarte, para alentarte, para mantenerte responsable, e inspirarte a ¡qué lo hagas! ¿Cómo sabes quién es apropiado para tu equipo?

Las mejores personas para tener en tu equipo son aquellos que creen en ti y en lo que estás haciendo. Si no estás seguro si una persona cree en ti y en lo que estás haciendo, sencillamente pregúntale: "¿Qué piensas sobre esta meta que quiero lograr?" Espera por la contestación. No vas a querer a esta persona en tu equipo si su contestación es: "Creo que estás loco. ¿Por qué querrías hacer algo así? Nunca podrás lograrlo." ¡De hecho, esta es una persona que tal vez no deberías pasar mucho tiempo con ella…punto! Es lo que yo considero un roba sueños. Los roba sueños son aquellas personas que, no están dispuestas a hacer lo necesario para cambiar sus circunstancias y crear la vida de sus sueños, y tampoco están dispuestos a permitir que otro lo haga. Por otro lado, si su contestación es: "¡Creo que es una meta genial! ¿Cómo te puedo apoyar? Realmente creo que la puedes lograr, y te quiero ayudar." Esta sí es una persona que quieres tener un tu equipo.

Cuando se trata de aquellos quienes van a estar en tu esquina, escoge sabiamente. Asegúrate que son personas positivas, quienes te provocan sonreír cuando piensas en ellas, porque le añaden valor y energía positiva a tu vida.

Un mentor o coach

El primer maratón que corrió mi entrenador, Chewi, fue el maratón de Nueva York en el año 2000. Me comentó, que la razón por la cual decidió que quería correr un maratón era que en esa época aquí en Puerto Rico solo los atletas elites corrían maratones. Él deseaba ponerse a prueba ya que había corrido muchos medios maratones. La forma de participar en el evento era a través de un club de correr aquí en la isla. Su esposa en ese momento, le obsequió la entrada.

Como era novato y no conocía mucho del tema, se había hecho de la idea de correr el maratón en tres horas. Rápidamente los miembros de este club le informaron que había un tipo de mito o creencia de que no era posible correrlo en tres horas. Le dijeron que no lo iba a poder lograr y que se concentrara en meramente terminar la carrera. En ese momento, supo que a pesar de que estas personas lo iban a acompañar y participar junto a él en el evento, en verdad no estaban en su equipo.

Él contaba con su coach y entrenador Sammy Laureano, con quien corría. Sammy era un corredor elite, quien se acababa de graduar de fisiología y comenzaba a entrenar a otros corredores para mejorar su desempeño y aumentar su disfrute del deporte. Chewi confiaba en él plenamente y seguía todas sus directrices, para prepararse a correr su primer maratón en tres horas.

Tu círculo íntimo

Anteriormente, mencioné la importancia de compartir tu meta con tu núcleo familiar y tus amigos más allegados. Chewi ha observado que uno de los obstáculos mayores que tienen las personas al proponerse lograr una meta importante que requiere tiempo y sacrificio, es que no lo comparten con las personas más cercanas a ellos. Comienzan a tomar acción hacia lograr su meta, y su pareja, amigos, e hijos empiezan a quejarse o tratan de distraerlo de lograrlo. Esto ocurre primordialmente porque no fueron incluidos en el equipo desde el principio.

> Haz tu círculo íntimo parte de tu equipo.

Esto demuestra la importancia de compartir tu meta, especialmente con las personas que quieres tener en tu esquina y con quienes te relacionas a diario. Esto hará que el proceso de lograr tu meta sea mucho más fácil y ameno. Explícales lo que requiere, en particular, el compromiso de tiempo. Si tienes que justificar constantemente las acciones que estás tomando hacia completar tu meta, se te hará cada vez más difícil continuar haciéndolas. En casos extremos podría provocar un ultimátum: "¡Tu meta o yo!"

Esta dinámica se puede evitar completamente, siempre y cuando, compartas tus intenciones y deseos de cumplir tu meta escogida con aquellos más cercanos a ti.

Existen algunas personas negativas que son chupa energía. Estas son las personas con las que debes tener cuidado, ya que ellos podrían pensar que tienen tu mejor interés en su corazón, pero en realidad, solo piensan en ellos mismos. Es probable que puedas identificar a algunas personas como estas en tu vida. Algunos de estos chupa energía podrían ser parte de tu familia. ¿Cómo los puedes evitar? Es fácil, si no son familia, sencillamente no compartas con ellos. Si son familia, asegúrate de limitar la cantidad de tiempo que compartes con ellos. Te alegrarás de haberlo hecho.

> "Tu eres el promedio de las cinco personas con quien más pasas el tiempo."
> **Jim Rohn**

Como dice Jim Rohn, "tú eres el promedio de las cinco personas con quien más pasas el tiempo." Por esto es que vas a querer personas en tu equipo que están más adelantadas que tú, para ayudarte a adquirir las destrezas y el conocimiento que necesitas para lograr tu meta. Un mentor o *coach* cumple con este criterio. También puedes encontrar a un mentor, leyendo sobre los éxitos de otros, e interactuando con personas que ya hayan logrado aquello que quieres lograr. Estas personas te servirán de guías y también como inspiración. Cuando aprendes de otros que han logrado la misma meta, te alienta y motiva a continuar tomando las acciones necesarias para tú también lograrla.

Un compañero de responsabilidad

Siempre es de gran ayuda tener a un compañero de responsabilidad en tu equipo. Esto es alguien con quien puedas compartir tus acciones propuestas para el día y comprometerte con ellos a que las completarás. Ellos harán lo mismo contigo, se apoyarán mutuamente a llevar a cabo dichas acciones. Sea diariamente, una vez a la semana, un día sí un día no, etc. Lo importante es que se reúnan con una frecuencia regular para que sea más efectivo para ambos.

Cuando estaba entrenando para el maratón, mi compañero de responsabilidad era mi coach. Me enviaba la agenda de entrenamiento la semana anterior, y para yo recibir la próxima agenda de entrenamiento de la siguiente semana, tenía que enviarle mis resultados de la semana. De esta manera me mantenía enfocada ya que sabía que tendría que rendir cuentas. Si no reportaba mi progreso, él no me enviaba mi próxima agenda de entrenamiento. ¡Funcionó! Ya sabía que si quería saber cuál era la próxima acción que me tocaba hacer, tenía que enviarle mis resultados, aunque requiriera admitir que no había cumplido algunos días. Además, como era mi coach, podía usar mis resultados para ajustar mi entrenamiento. Era una forma de retroalimentación.

Tu compañero de responsabilidad puede ser una gran persona a quien pedirle retroalimentación y con quien hacer lluvia de ideas para llegar a nuevas estrategias. Por ejemplo, cuando Antonio y yo planificamos nuestro primer taller en Puerto Rico se nos ocurrieron como 30 nombres posibles para el taller. Compartí algunos de estos con mi compañero de responsabilidad, Denny, y él fue quien me dio un gran nombre que al fin y al cabo fue el que dicidimos usar. Y así fue que nació "Enciende tu éxito" nuestra marca de talleres. Mis compañeros de responsabilidad tienen un valor incalculable para mí, no solo por ayudarme a mantenerme encaminada avanzando hacia el logro de mis metas, sino también por proveerme aliento, buenas ideas y retroalimentación en el proceso.

Un grupo de "Mentes Maestras" (Master Mind)

Un grupo *master mind* o de mentes maestras es un grupo de personas que deciden reunirse regularmente para ayudarse mutuamente con recursos, retroalimentación, ideas y apoyo en general, para lograr una meta especifica o varias. En el libro clásico de Napoleón Hill, *Think and Grow Rich*, él describe el poder de la mente maestra como: "La coordinación de conocimiento y esfuerzo, en un espíritu de armonía, entre dos o más personas, para la realización de un propósito definitivo." Hay diferentes formatos para llevar a cabo un grupo de mentes maestras. Pueden hacerlo en persona, por teléfono, o utilizando los recursos tecnológicos tales como, Skype, Google, entre otros. Si prefieres en persona puedes buscar gente en tu comunidad interesada en asumir responsabilidad por sus propias metas y tener otros oídos, ojos y mentes para observar su meta desde diversas perspectivas para contribuir a lograrla de forma más efectiva y posiblemente en menos tiempo.

Cuando entrenaba para mi maratón, mi grupo de mentes maestras consistía de personas de mi negocio e industria. Ninguno era corredor y ninguno quería correr un maratón. Eso no le quitó valor a la experiencia para mí. Todos me daban gran apoyo y se inspiraban por mi meta y mi progreso hacia ella.

Desde que corrí el maratón, he formado y participado en varios grupos de mentes maestras, cada uno con diferentes propósitos y modalidades. Al momento de escribir este libro formo parte de un grupo de mentes maestras en donde todos somos *coaches* y oradores transformacionales, y usamos el espacio para compartir ideas y experiencias para así todos crecer y prosperar dentro de nuestros propios nichos. Esto me ha permitido compartir ideas en las que estoy trabajando, obtener retroalimentación, compartir mi progreso hacia mis metas actuales, y encontrar soluciones a obstáculos que enfrento en mi camino hacia donde quiero llegar. Mejor aún es la oportunidad de ayudar a otros en su propia jornada.

He encontrado que seguir el protocolo acordado en todas las reuniones asegura que el grupo de mentes maestras sea una experiencia valiosa para todos sus miembros. De esta manera todos podrán aportar y adquirir valor cada vez que se reúnan. Si quieres aprender más sobre esta dinámica, puedes ver la sección de recursos al final del libro para mayor información.

Otros que quieren lograr la misma meta que tú

Tus compañeros y los que corren contigo también son una parte importante de tu equipo. Estos son personas que ya conoces, o que has llegado a conocer en el camino hacia tu meta, quienes aspiran a lograr lo mismo que tú. Mis compañeros del club de correr eran mis pares y mis compañeros de carrera. Durante el maratón todos los participantes estaban en mi equipo, y yo era parte del de ellos también. Yo sabía que, si necesitaba apoyo, podría contar con ellos, y ellos sabían que podían contar conmigo también.

Si estás tomando clases de lenguaje, entonces tus compañeros de clase también están aprendiendo a hablar ese nuevo lenguaje. Si estás haciendo lo necesario para llegar a tu peso deseado y te has inscrito en un gimnasio, tu equipo serían tus compañeros socios del gimnasio. En otras palabras, todo aquel a quien te encuentras que también está accionando hacia lograr la misma meta que tú, es parte de tu equipo.

Identifica tus rocas

Los miembros más importantes de tu equipo, son aquellas personas que estarán ahí para ti, cuando se pone la cosa difícil. Usualmente son los que están dispuestos a hacer las cosas difíciles cuando es necesario y no solo disfrutar de lo bueno. Muchos tenemos estos amigos quienes siempre están presentes para la fiesta y el glamour, entonces le pides que te ayuden con una mudanza o algo no tan glamoroso, y brillan por su ausencia.

Mi esposo Antonio y yo, nos hemos mudado unas cuantas veces y es siempre interesante cuando llega ese momento, porque Antonio les pedirá asistencia a algunos de nuestros amigos. Créanlo o no, algunos se ofrecen y dicen que estarán presente. Cuando llega el día de la mudanza, el que nunca nos falla es nuestro amigo Gustavo. Él nos ha ayudado a cargar el T.V. de pantalla grande subiendo y bajando escaleras con él; llenar un pequeño ascensor de un sin número de objetos pesados; ha ayudado a cargar, subir y bajar un Bar-B-Q sumamente pesado, para luego, tener que descartarlo debido a que se había corroído con el salitre. ¡Él hasta trajo un amigo para ayudar! Sabemos de estas experiencias que siempre podemos contar con él para cosas importantes, aunque no sean tan glamorosas o divertidas.

Identifica tus rocas.

Para algo tan importante como tu meta, quieres tener a los amigos que están dispuestos a ensuciarse las manos, en tu esquina. Estarán allí para alentarte durante momentos de reto, y porque creen en ti, en lo que estás haciendo, se asegurarán de que continúes en tu camino, hasta cuando te sientas desalentado. Para mí, personas así son como rocas. Siempre puedes contar con ellos no importa qué. Ellos te sostienen en toda situación. Por eso te ayudará identificar quiénes son tus rocas.

Tus animadores

También necesitas tener animadores y una fanaticada. Personas que quieren saber sobre tu progreso y que te estarán animando en cada paso de tu camino. Estas son personas que usualmente quieren ayudarte a lograr tu meta y que aportarán y tal vez tengan amigos que puedan hacer de tu camino hacia la meta uno más fácil y corto. Mientras más compartes tu visión con otros, estarás expuesta a más oportunidades e individuos, que podrán hacer que tu meta sea más fácil de lograr.

Canales de posibilidad y callejones sin salida

¿Alguna vez alguien ha compartido contigo algo que él o ella querían lograr? ¿Cómo respondiste a su deseo o sueño? ¿Tu respuesta fue desalentadora o te emocionaste y comenzaste a pensar en maneras en que podrías ayudarlo a hacerlo realidad? Esta es una pregunta reveladora, porque te dejará saber cómo estás viviendo tú la vida. Cuando eres alentador y positivo estas siendo un canal de posibilidad. Cuando eres desalentador y negativo, no eres un canal sino un callejon sin salida.

¿Cómo puedes identificar los canales de posibilidad y los chupa energía en tu vida? La siguiente es una forma rápida: Prepara una lista de las personas con quien pasas una cantidad de tiempo significativo. Esta puede incluir amigos, compañeros de trabajo, familiares, compañeros de tu iglesia, personas de tu gimnasio o alguna otra organización. Asegúrate que sean personas con las que interactúas al menos una vez a la semana por un mínimo de 30 minutos.

Luego, revisa la lista, y al lado de cada nombre coloca un signo de suma (+) o de resta (-). Coloca un signo de suma (+) al lado de los nombres de personas que sientes añaden valor a tu vida porque te hacen sonreír, son alentadores, positivos, y a quienes deseas ver a menudo. Coloca un signo de resta (-) al lado de los nombres de las personas que sientes son negativas, desalentadoras, propensas a quejarse, quienes culpan a otros inapropiadamente. Has lo mismo para aquellas personas quienes te hacen sentir que te han drenado el vivir cuando compartes con ellos, aquellos con quienes no disfrutas interactuar por la razón que sea. Los nombres que tienen un signo de suma (+) al lado son tus canales de posibilidad, mientras que los otros son los callejones sin salida y chupa energías.

Recuerdo la primera vez que hice este ejercicio, me sorprendí grata- mente por el hecho de que ya había "limpiado la casa" como quien dice, con relación a las personas con quien paso mi tiempo. Lo que me abrió los ojos fue cuando lo repetí a los 18 meses y descubrí que había unas cuantas personas que originalmente pensaba eran canales de posibilidad quienes se habían convertido en callejones sin salida y chupa energías. Por esto es que sugiero hacer este ejercicio por lo menos una vez al año, especialmente si estás trabajando contigo mismo y creciendo. Cuando yo lo hice, era una persona muy distinta a la que era el año anterior, ¡y tú también la serás!

"Vete al Bellagio"

Cuando se trata de manejar tu tiempo, pasa el menos tiempo posible con los chupa energía y callejones sin salida. Habrá ocasiones y situaciones en donde no podrás limitar la cantidad de tiempo que pasas con ellos. En estos casos, puedes usar una de las siguientes estrategias para bloquear su energía negativa. Antes de verlos, imagínate rodeado de una pared de agua similar a las fuentes del Hotel Bellagio en Las Vegas. Si nunca las has visto, es un lugar para ver, y puede ser un lugar que añadas a tu lista de 101 metas. Mientras tanto, puedes encontrar una foto de ellas, haciendo una búsqueda en imágenes en Google de "Fuentes del Bellagio." Lo otro que puedes hacer, solo o en combinación con la pared de agua es, imaginarte rodeado de un campo de luz blanca brillante. Esto te protegerá de su energía negativa.

Mi esposo y yo hacemos esto mucho. De hecho, si estamos en una situación donde percibimos a un chupa energías, nos decimos uno al otro: "Vámonos al Bellagio." Esa es nuestra señal para subir la pared de agua y hacernos inmunes a su negatividad.

¿Quién quiere estar en el mismo equipo que alguien con el pensamiento cerrado? ¡Nadie! Sé que este no eres tú, porque el hecho de que estás leyendo este libro dice que estás buscando posibilidades y más opciones en tu vida. Cuando escuchamos los sueños y metas de otros, es natural para nosotros querer ayudar. Comparte tu visión, en especial con aquellos que te quieren y creen en ti. Esto comenzará un cambio, no solo en ellos, sino en el universo, que traerá a tu vida a personas, cosas y circunstancias que te ayudarán a llegar a donde quieres llegar.

Capítulo 4 Pasos de acción

"No existe tal cosa como un hombre que se ha hecho solo. Alcanzarás tus metas solamente con la ayuda de otros."

~ George Shinn

1. Encuentra a un mentor o un *coach* (si no tienes uno ya).
2. Comparte tu visión y meta con tu círculo íntimo (pareja, hijos, amigos cercanos) y explícales qué implica para ti lograr esta meta.
3. Consigue un compañero de responsabilidad.
4. Forma un grupo de "Mentes Maestras".
5. Identifica a otros que quieren lograr la misma meta que quieres lograr o algo similar.
6. Identifica a tus rocas.
7. Comparte tu visión e identifica a tus animadores y fanaticada.
8. Identifica tus canales de posibilidad y tus callejones sin salidas.
9. "Vete al Bellagio" cuando te encuentres con chupa energías.

Capítulo 5

Visualízate cruzando la meta

❝ *La imaginación lo es todo. Es el adelanto de las próximas atracciones de la vida"*

~ Albert Einstein

¿**S**abías que tu mente no puede discernir entre una experiencia real y una vívidamente imaginada? Pues, es cierto. Muchos atletas y personas de alto rendimiento conocen este hecho. Uno de los primeros que utilizó la técnica de visualización fue Wallace D. Wattles. La describe en su libro *La ciencia de hacerse rico*. Este libro se publicó originalmente en el 1910, lo he leído muchas veces y verdaderamente creo en y practico las técnicas descritas en él. Muchos atletas y deportistas profesionales practican esto para aumentar su nivel de ejecución y llevar sus metas y vida al próximo nivel.

Cuando estaba entrenando para el Maratón de Chicago, esto era algo que hacía durante todas mis sesiones de práctica. Cuando me acercaba hacia el final de mi sesión, yo me visualizaba cruzando la meta con fuerza, como lo había hecho en carreras previas de distancias más cortas como los 10k's. Hice muchas de mis carreras largas en las montañas del barrio de Jájome en el pueblo de Cayey, aquí en Puerto Rico. Hay una ruta que está medida y rotulada en la carretera hasta seis millas. Muchos corredores usan esta ruta para hacer sus entrenamientos para carreras de largas distancias, como el medio maratón y el maratón completo. La distancia que quieres correr determina cuán lejos irás en la ruta. Por ejemplo, si mi carrera larga es de 16 millas, correría hasta el marcador de las cinco millas y regresaría para completar así 10 millas; luego, correría hasta el marcador de tres millas y regresaría para completar las seis millas restantes.

¡Retornar al punto de partida de esta ruta es espectacular! La última milla tiene una vista hermosa del Mar Caribe a tu izquierda, y puedes sentir y respirar el aire fresco de montaña, mientras te vas acercando hacia tu auto al terminar el entrenamiento del día. Esta imagen es una que utilizo a menudo cuando estoy entrenando para carreras; es inspiradora y motivadora, y mi cuerpo sabe exactamente cuánto falta por correr antes de cruzar la meta, mientras me imagino mirando hacia el Mar Caribe desde las montañas de Jájome en Cayey.

Muchos atletas practican esto. En un vídeo del *Washington Post* sobre el nadador y medallista de oro olímpico, Michael Phelps—el atleta olímpico más condecorado hasta la fecha de esta publicación, cuenta con 28 medallas, 23 de ellas de oro—resaltaron la práctica de visualización como parte importante de su entrenamiento. En este vídeo, Phelps y su entrenador Bob Bowman discutieron cuán importante ha sido la visualización para su éxito y confianza. Phelps se ha visualizado nadando la carrera perfecta una y otra vez. El visualizó esta carrera perfecta de distintos ángulos y con diferentes escenarios. Se visualizó en el agua, desde las gradas, y hasta se imaginó escenarios desde el pensamiento: "y si no me va perfecto." Por ejemplo, mencionó situaciones como si su traje de baño se descociera o si sus gafas protectoras se rompieran. Visualizar estos distintos escenarios y lo que haría en cada uno de ellos, creó una base de datos en su cerebro, para que en el evento de que se hicieran una realidad durante la competencia real, el sabría exactamente qué hacer y cómo. Esta práctica de visualizar, tanto la carrera perfecta e imaginando obstáculos, le dio la confianza de saber que tenia un plan para lo que viniera.

Recientemente, puse esta práctica a la prueba, aunque de una forma distinta. Estaba registrada para correr en el medio maratón de "Divas", aquí en Puerto Rico el 11 de noviembre de 2012. Había estado de vacaciones de correr desde que corrí el medio maratón de Buenos Aires en septiembre del 2011. Ya llevaba entrenando consistentemente desde finales de agosto. A principios de octubre me sentía súper bien y estaba corriendo seis millas en aproximadamente una hora. Me enfermé con algún tipo de gripe hacia finales de octubre y estuve en mi casa de cama, literalmente, por más de una semana. No recordaba la última vez que me había enfermado así. De más está decir, que no estaba corriendo. Pensé: "Aquí vamos de nuevo, otro año sin poder correr el medio maratón de "Divas" en Puerto Rico." No había podido correr el año anterior debido a unos conflictos en mi agenda. Ya había aceptado el hecho de que no iba a ocurrir, especialmente porque no había terminado mi entrenamiento. Un medio maratón son 13.1 millas, y lo más que había corrido desde septiembre del año anterior eran 6 millas.

Pero el día antes del maratón me sentía súper bien y 95% saludable. Le dije a mi esposo: "Vamos a buscar mi paquete de carrera; quiero correrla." Así que lo buscamos. Decidí correrla completamente consciente del hecho de que no había entrenado apropiadamente y que era muy probable que tendría que caminar una gran porción de la ruta. ¡Lo hice! No fue muy glamoroso, ya que mayormente caminé después de la milla ocho. Completé el medio maratón en un poco menos de tres horas. ¡Lo admito, no fue mi mejor tiempo! Sin embargo, el tiempo no me importó; lo importante fue que yo había hecho un compromiso cuando me registré para el evento y sabía que, si me sentía bien y no lo corría, siempre me preguntaría, ¿por qué no lo corrí?

Hubo una consecuencia como resultado de correr el evento sin entrenar apropiadamente. La semana siguiente de la carrera, mi tobillo me empezó a molestar y se puso muy enconado e hinchado. Estaba fuera de servicio, no podría correr. Pero espera, yo estaba registrada para el medio maratón de Miami a llevarse a cabo el 27 de enero de 2013. Descansé durante dos semanas e intenté correr. No se pudo. Mi tobillo me dolió enseguida. Me encontraba a dos meses de la próxima carrera, y físicamente no podía correr. Acababa de escribir la primera versión de este capítulo unas cuantas semanas antes y pensé: "Qué interesante. Es hora de poner esto a prueba en una forma diferente." Siempre había utilizado la visualización cuando estaba físicamente haciendo la actividad. Esta vez lo iba a hacer solo en mi mente.

Mi esposo también estaba entrenando para la carrera de Miami. Cada vez que me daba un beso de despedida antes de irse a correr su práctica pensaba: "Otro día sin poder correr. Esta vez creo que seré una animadora en el maratón en vez de una participante." Un día le dije que iba a empezar a entrenar con él...en mi mente. "Tremendo experimento," me dijo. Antes de que se fuera a correr, yo le preguntaba cuán lejos iba y cuál era su ruta. Luego me acostaba o sentaba escuchando mi música de correr en mi iPod, mientras cerraba los ojos, y me imaginaba corriendo desde mi casa, bajando por mi calle, continuando la ruta entera y luego retornando por la misma hasta regresar a nuestra casa.

¡Era tan divertido! Veía a todos los edificios, naturaleza, hasta gente caminando o sentados en uno de los cafés a los cuales pasaba en la ruta. Lo interesante fue que le preguntaba a Antonio cuánto le había tomado completar la ruta, y resultaba ser dentro de cinco minutos del tiempo que me había tomado visualizarme corriendo la misma ruta en mi mente. Esto lo hice durante todo el mes de diciembre. El 31 de diciembre, comencé a correr de nuevo físicamente. Esa primera semana corrí hasta seis millas durante una sesión de entrenamiento. Dos semanas antes del medio maratón en Miami, corrí 10 millas por primera vez desde el evento de "Divas"; luego el fin de semana antes del gran día, corrí otra carrera de 10 millas. Estaba lista para Miami.

Corrí el medio maratón de Miami con tres semanas corriendo físicamente y ocho semanas corriendo mentalmente. Mi tiempo corriendo la carrera de Miami fue de dos horas y veintiún minutos, que es solamente seis minutos más lento de cuando lo corrí en el 2011 con tres meses completos de entrenamiento. ¡Terminé sintiéndome increíble y emocionada! ¡Me sentía como si pudiera correr 13 millas más! Atribuyo esto a mi práctica de visualización para este evento y mi expectativa de lo mejor.

> *Visualizar no solo funciona para el rendimiento atlético, también funciona para aprender nuevas destrezas y acelerar el logro de tus metas.*

Visualizar no solo funciona para el rendimiento atlético, también funciona para aprender nuevas destrezas y acelerar el logro de tus metas.

Un profesor de Neurología en Harvard realizó un estudio con un grupo de voluntarios, de los cuales ninguno sabía cómo tocar el piano o mecanografiar con todos los dedos. El primer grupo estaría en un salón con un piano y le enseñaban ejercicios para hacer con los dedos en el piano. El segundo grupo también estarían durante la misma cantidad de tiempo en el salón sin tocar el piano y sin tener instrucciones sobre qué practicar. El tercer grupo se les dio instrucciones sobre cómo llevar a cabo los ejercicios, pero solo los hicieron mentalmente. Podían tocar el piano, pero no mover sus dedos. Estos fueron los resultados;

• Grupo 1: Demostró crecimiento en el área de la corteza motora del cerebro que gobierna el movimiento de los dedos.
• Grupo 2: No demostró cambio en la actividad del cerebro;.
• Grupo 3: Demostró un crecimiento casi idéntico al que demostró el primer grupo en el área que gobierna el movimiento de los dedos (Pascual-Leone 315).

Este estudio demostró que la visualización y la imaginación tienen un efecto físico real en el cerebro. También demostró que una combinación de la práctica física y mental puede dar lugar a los mejores rendimientos.

¿Cómo se visualiza? La visualización es la práctica de verte a ti mismo en el ojo de tu mente, siendo, haciendo y teniendo las cosas que quieres con todo lujo de detalle y emoción. Tal vez estés pensando que no eres un buen visualizador. Puede parecer una tarea difícil.

¿Alguna vez has tenido un sueño bien vívido que parecía real, hasta que despertaste? Visualizar es como tener un sueño bien vívido que creas con tu mente mientras estás despierto. La práctica de visualizar estimula tu sub-consciente y tu creatividad. Abre tu mente consciente a una nueva conciencia y a oportunidades con relación a lo que estás visualizando, ya sea algo positivo o negativo.

> Visualizar es como tener un sueño bien vívido que creas con tu mente mientras estás despierto.

¿Has notado que cuando ves algo nuevo, algo que "nunca" habías visto, empieza a aparecer una y otra vez? La realidad es que la mayoría de las veces ya estaba allí; es que no estabas enfocándote en ello, por lo tanto, no lo "viste". Esto es lo que la visualización puede hacer por ti. Una vez te ves claramente siendo, teniendo y haciendo lo que quieres exitosamente, te harás consciente de cosas, oportunidades, y personas quienes te pueden ayudar a hacer tu meta una realidad.

Mientras es importante tener una alta intención con relación a tus metas, a la misma vez es una buena estrategia, no estar atado excesivamente al resultado. Esto significa que no te aferres tanto al resultado específico, que te cierres a otras posibilidades o algo mejor. Cuando tenemos la intención abierta hacia lo que queremos o incluso algo mejor, abrimos una fuente sin límites de posibilidades y experiencias para lograr eso que queremos.

Practica visualizar

Puedes empezar a practicar la visualización con cosas que son familiares para ti. Por ejemplo, tu carro, tu cocina o tu traje favorito. Cierra los ojos e imagínate caminando y entrando a tu cocina. ¿De qué color es el tope? ¿De qué material está hecho? ¿Cómo es tu refrigerador? Camina hacia los gabinetes y abre una de las puertas y saca algo. ¿Qué es? ¿Cómo se siente? Este es un ejercicio simple que puedes hacer para desarrollar tus destrezas de visualización.

Escribe tu escena ideal

Si aún no has escrito una escena ideal de ti logrando tu meta, ahora es el momento de hacerlo. Esto puede ser de gran ayuda para tu práctica de la visualización. Escribe lo que estarías haciendo, lo que estarías viendo, oliendo, escuchando y sintiendo con todo el detalle que puedas imaginar. Una forma de asegurarte que estas siendo lo suficientemente detallado es, hacerte las siguientes preguntas: ¿Cómo puedo ser más específico? ¿Dónde está la casa de mis sueños? ¿En qué país? ¿En qué cuidad? ¿En qué calle? ¿Cuál es el número de la casa? ¿De qué color es? ¿Cuántos cuartos tiene? ¿Cómo son los muebles? ¿Son de cuero? ¿Son de madera? ¿De metal? ¿Cuál es la vista que ves desde tu ventana? ¿Qué tienes puesto? ¿Qué olores percibes? ¿Qué escuchas? ¿Cómo te sientes en la casa de tus sueños? ¿Quién está allí contigo? Podría seguir y seguir con las preguntas. Las respuestas están en las preguntas, por lo tanto, continúa haciéndote preguntas para crear tu visión ideal. Incluye en tu visión la expectativa del mejor resultado posible.

> Las respuestas están en las preguntas.

Una parte bien importante de la visualización es la fe. Si estás visualizando algo y no lo crees posible, estarás menoscabando todo el proceso. En la película *Star Wars Episodio V: El Imperio Contraataca*, hay una escena excelente que ilustra este punto. Luke está entrenando con su maestro Yoda en el uso de "la fuerza"; él es capaz de levitar piedras del tamaño de una bola de fútbol. Su nave, la cual ha aterrizado en un pantano, comienza a hundirse hasta que queda completamente sumergida:

Yoda: "Puedes usar la fuerza para levantar tu nave."
Luke: "Es muy grande."
Yoda: "Solo tienes que enfocarte; el tamaño no importa."
Yoda levanta la nave usando "la fuerza" y Luke dice: "No lo puedo creer."
Yoda: "Por eso es que fracasas."

No creer que es posible, es equivalente a planificar para fracasar. Nuestros pensamientos son tan poderosos que si piensas que puedes o piensas que no puedes, de cualquier modo, ¡tienes la razón! Por lo tanto, ¿por qué no escoger la alternativa positiva? ¡Tú puedes!

> Nuestros pensamientos son tan poderosos que si piensas que puedes o piensas que no puedes, de cualquier modo, ¡tienes la razón!

Para mí, era muy inspirador saber que otros habían sido exitosos logrando mi meta, aunque parecieran tener todas las excusas o situaciones para no lograrlo. Cuando acompañé a mi club de correr a el Maratón de Boston a principios del 2006, en la Feria de Exhibidores conocí a un equipo de padre e hijo quienes estarían corriendo el maratón ese año, ¡por duodécima quinta vez!

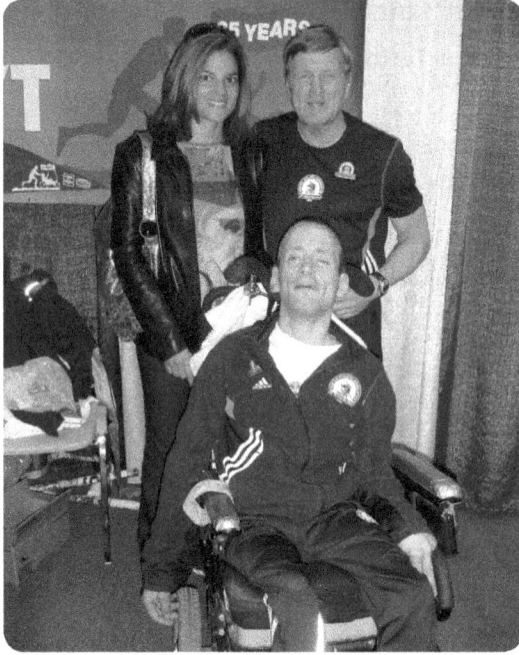

Team Hoyt en la Expo del Maratón de Boston en 2006

Eso no era lo más inspirador de ellos. ¡Era que el padre de sesenta y pico de años, corría el maratón empujando a su hijo, un cuadripléjico de cuarenta y tantos años, en una silla de rueda por las 26.2 millas completas! ¡WOW! Me refiero a Team Hoyt, como ellos se han designado. Yo pensé, si él ha corrido este maratón sobre 20 veces mientras empuja a su hijo, ¿por qué no lo podría hacer yo? De hecho, yo era más joven, y además, no tendría que hacer el esfuerzo adicional de empujar a alguien o algo a lo largo de toda la distancia. Team Hoyt no solo ha completado el Maratón de Boston más de 25 veces, han participado en muchas otras carreras.

Una de las metas más increíbles que ellos han logrado es el Triatlón de Iron Man, el cual consiste de un nado de 2.4 millas, rodar en bicicleta durante 112 millas y luego, correr 26.2 millas. Dick Hoyt nadó 2.4 millas con una balsa amarrada a su cintura que llevaba a su hijo Rick. Luego, cargó a su hijo en sus brazos lo colocó en un asiento especial en la parte delantera de su bicicleta y pedaleó 112 millas. Después, lo cargó de la bicicleta y lo colocó en su silla de ruedas especial y lo empujó mientras corría 26.2 millas para completar el evento. ¡Son una inspiración! Ellos me ayudaron a creer que yo también podría lograr esto. Cree que PUEDES y lo HARÁS.

Crea un tablero de tu visión o un libro de metas

Algunas herramientas que te pueden ayudar a visualizarte logrando tus metas son el crear un tablero con tu visión o un libro de metas con fotos. Un tablero de visión es como un afiche que tiene imágenes y palabras que representan las metas y la visión que tienes para tu vida. En la película *The Secret*, Jon Assaraf menciona esta herramienta durante su intervención. Explica que él usó los tableros de su visión para visualizar y enfocarse diariamente en las cosas que quería ser, hacer, y tener, y para estar en un estado continuo de imaginar ya haberlas logrado.

¡Visualízate logrando tus metas!

Un libro de metas es similar a un tablero de visión, excepto que escribes tus metas y coleccionas fotos que las representen en un libro. Es como un álbum de tus metas. Algo que podrías hacer para incluir en tu tablero o libro de metas, es tomarte una foto haciendo aquello que quieres lograr. Por ejemplo, si tu meta es ser dueño de una Corveta, podrías ir al concesionario de autos y pedir una prueba de manejo con el auto. Pídele al vendedor que te tome una foto detrás del volante de tu auto deseado. La prueba de manejo te dará las emociones y sentimientos de ya haber logrado tu meta, y la foto te dará una imagen visual que puedes usar para tu tablero de visión o tu libro de metas.

Si no puedes crear la situación físicamente, aun la puedes crear usando imágenes de Google. Vamos a suponer que tu meta es tener un bebé. Puedes encontrar una foto de una mujer embarazada en Internet. Sencillamente imprime la foto y ponle la imagen de tu cara sobre la misma. Ahora puedes usar la foto y ponerla en tu tablero de visión o en tu libro de metas y mirarla diariamente, ¡mientras más lo miras mejor! Puede que quieras poner esta foto en un lugar estratégico de tu hogar, como en el espejo del baño, en la puerta del refrigerador, en tu escritorio, en tu auto, en tu monedera, etc. Esto te sirve de un recordatorio diario constante.

Yo preparé un corto vídeo de mis metas y afirmaciones, el cual podía escuchar o ver en mi iPhone. Tomé las mismas imágenes que usé para crear mi tablero de visión y le añadí una afirmación escrita para cada meta. Esto lo hice en forma de diapositivas. Usé un programa para editar vídeos y le añadí música relajante de trasfondo y me grabé diciendo mis afirmaciones en voz alta, mientras la diapositiva relacionada a la misma se mostraba en la pantalla. Lo hice de tal forma que se repitiera el contenido cuatro veces para una duración total de cerca de 16 minutos. Si veía o escuchaba la primera repetición, duraba menos de 4 minutos. Esto me dio una forma fácil y flexible de visualizar diariamente. Luego de haberlo visto varias veces, podía solo escuchar el audio y ver las fotos en mi mente.

Visualiza diariamente

Ahora que tienes una descripción cinemática de ti logrando tu meta, necesitas prepararte para visualizarlo. Es bien importante que te encuentres en un estado relajado antes de visualizar para que accedas a tu mente subconsciente. Para relajarte, comienza por disminuir tu respiración. Una forma de hacerlo es inhalar a la cuenta de cuatro a seis y exhalar a la cuenta de seis a ocho. Mientras te concentras en tu respiración, puedes decirte en silencio: "relájate". Puedes inhalar "relá" y exhalar "jate". Ahora, conscientemente relaja cada parte de tu cuerpo, comenzando con el tope de tu cabeza y progresando hasta las suelas de tus pies. Suelta cualquier tensión que estés aguantando en tu cuerpo y relaja tus músculos.

Ahora despeja tu mente. Si aún estás diciendo el mantra "relájate", esto puede ayudarte a despejar y aquietar tu mente. Esta parte requiere práctica. Notarás pensamientos que aparecen aquí y allá, lo mejor que puedes hacer es sencillamente observarlos, como si el pensamiento fuera un barco flotando en la corriente de un río. ¡Solo recuerda resistir la tentación de montarte en el barco! Deja que floten y sigan mientras te reenfocas en tu visión. Una vez hayas hecho esto estás listo para visualizar.

Es muy importante que te visualices en el presente, porque si te visualizas en el futuro tu visión se quedará en el futuro y fuera de tu alcance. Tu meta con la visualización es involucrar todos tus sentidos. ¿Qué estarías escuchando, tocando, oliendo, saboreando? Involucra tus emociones. ¿Qué estarías sintiendo? ¿Agradecimiento? ¿Paz? ¿Amor? ¿Alegría? Visualízate en movimiento como si estuvieras viendo una película de ti alcanzando tu meta. ¡SI! ¡LO HICISTES! ¡Esta práctica tiene un gran impacto a pesar de que toma muy poco tiempo!

Capítulo 5 Pasos de acción

"Cualquier cosa que la mente pueda concebir y creer, podrá lograr."

~ Napoleon Hill

1. Practica visualizar (comienza con algo familiar).
2. Escribe tu escena ideal con todo lujo de detalle e incorpora todos tus sentidos y emociones (recuerda ser específico).
3. Crea un Tablero de Visión o un Libro de Metas.
4. Visualiza diariamente (visualízate en el presente logrando tu meta).

En sus marcas, listos, ¡fuera!

"No tienes que ser grande para empezar, pero tienes que empezar para ser grande."

~ Zig Ziglar

Nunca olvidaré esa mañana del 22 de octubre de 2006 en el área metro de Chicago. Estaba a 46 grados Fahrenheit y lloviznando. Soy una friolenta, por lo que fui preparada para enfrentar el frío. Tenía puesto mis leggings, una camisa de manga larga, una de manguillo sobre esta, un abrigo de papel encima, y un abrigo con gorro sobre todo eso. Ah y también unos guantes y una gorra de correr. Hasta tenía una cámara desechable, para así documentar mi experiencia. Era la edición vigésima novena del Maratón de Chicago, y más importante para mí, era mi PRIMER MARATÓN.

En mi vuelo de cuatro horas y media desde San Juan, ocupé la mayor parte de mi tiempo escribiendo en mi diario. Además de escribir sobre mis pensamientos y sentimientos al acercarme al gran día, escribí los nombres de las personas o grupos de personas a quien le estaba dedicando cada milla y por qué. Había escuchado esta idea de otros quienes lo habían hecho, y decidí que haría mi experiencia más significativa si lo hacía también. La noche antes de la carrera, transferí la lista de personas de mi diario a un papel numerado. Le hice cortes al mismo para poder arrancar los nombres al completar cada milla durante mi camino. Até la lista a mi número asignado para el maratón.

La lista de los nombres sujetados a mi número de carrera asignado

Luego de cuatro meses de entrenamiento, finalmente estaba allí, esperando el disparo que marca el comienzo del maratón. Me preparé como lo hacía usualmente: prendí mi aparato para medir velocidad y distancia (*footpod*), preparé mi reloj para cruzar la salida, prendí mi MP3, etc. ¡De repente, mi reloj se fue en blanco: mi MP3 no quiso prender (a pesar de que lo cargué toda la noche)! Pensé: "¡Oh, no!

¿Y ahora qué?" Siempre había corrido con música. Pude reiniciar mi reloj, aunque no en la fecha correcta. Mi MP3 era un misterio, ¿o lo era? Miré hacia abajo a mi número, vi mi primera dedicatoria, subí la mirada hacia el cielo y asentí. ¡Claro! Esta debería ser una experiencia diferente para mí…

¡BANG! Se escuchó el disparo, y estaba corriendo entre 40,000 personas. ¡Era muy emocionante! Yo le había dedicado la primera milla a Dios, por darme la fortaleza y valentía para seguir mis propios sueños y deseos. Creo que esto, indudablemente, tuvo todo que ver con el resto de mi travesía…

Los corredores del Maratón de Chicago de 2006

Lo más increíble fue que durante cada milla, yo me visualizaba corriendo con la persona o grupo de personas a quienes se la había dedicado. Memorias de cosas que me habían enseñado o experiencias que habíamos compartido llenaban mi pensamiento, y la experiencia fue completamente diferente a cualquier otra que haya experimentado. La ausencia de mis accesorios tecnológicos de correr la hicieron mucho más significativa. Hubo un momento mágico durante la carrera, mientras iba corriendo mentalmente con mi abuela paterna Mami Ruth en la séptima milla. Recordaba momentos con ella y la familia de mi padre, y como ella me enseñó a divertirme y disfrutar de la vida. Ella estaba en un hogar para personas de la tercera edad en ese momento, y se me hacía muy difícil visitarla y verla deteriorada en su salud, porque la quería recordar en sus días llenos de vida y gozo. Durante esta milla, me sentí conmovida en un momento dado, a mirar hacia mi derecha—estaba corriendo frente a un hogar de ancianos— los viejitos estaban asomados por las ventanas saludando con letreros que leían, "¡ADELANTE CORREDORES, USTEDES PUEDEN HACERLO!" Es una imagen que nunca olvidaré.

La historia de Chewi

Allí estaba Chewi en la ciudad de Nueva York, el día antes de su primer maratón, solo sin su esposa e hijos. Tenía a dos de sus hermanos con él para apoyarlo. Había una carrera pre-evento de las Naciones Unidas en donde llevaban las banderas de los países participantes alrededor de una ruta de cinco millas. Chewi notó que el corredor que llevaba la bandera de Puerto Rico apenas podía con el peso de la misma, y menos podía con el reto de correr con ella. Corrió hacia él y le dijo: "¿Estás bien?" Luego, agarró la bandera y corrió con ella sin mirar atrás.

Pensó que habían sido las tres millas más rápidas que había corrido en su vida. ¡Él estaba tan emocionado de estar allí en Nueva York y correr por primera vez fuera de Puerto Rico! Todos los de su club de correr le dijeron: "¿Qué hiciste? ¡Acabas de dañar tu carrera de mañana!" Recuerden que él no le prestaba mucha atención a estas personas, ya que le habían comprobado que no tenían mucha fe en él.

Estaba un poco nervioso por no haber corrido antes en temperaturas tan frías. Se probó un sinnúmero de ajuares, y corrió afuera con cada uno para ver cuál de todos finalmente usaría el día del evento. Después de su desfile de modas, decidió usar una camisilla, cortos, un abrigo de papel y una gorra de invierno para mantener su cabeza caliente.

Estaba a 40 grados Fahrenheit el día de la carrera en la ciudad de Nueva York. ¡Sobre 30,000 participantes esperaban ansiosamente para el disparo de la salida! Chewi se mantuvo allí parado. Lo único que lo tenía ansioso era la presión que él mismo se estaba imponiendo de terminar la carrera en menos de tres horas. ¡Bang! ¡Salió con el resto de los corredores enfocado en su meta!

¡Preséntate!

Ahora que has hecho tu asignación y te has preparado para el evento principal, el próximo paso es, ¡PRESENTARTE! Esto puede parecer obvio, aunque te sorprendería cómo en ocasiones no es tan obvio y permitimos que cosas se interpongan en el camino de lograr nuestra meta. ¿Alguna vez has

¡Preséntate!

hecho un compromiso y cuando llega el momento de cumplir con él, se te ocurrieron excusas para zafarte y no cumplir? Esto es lo mismo que no presentarse.

La historia de Greg

Mi amigo Greg se había propuesto la meta de correr el Maratón de Chicago en el 2009. Antonio y yo decidimos hacerlo también. Greg es un operador de grúas de construcción en la ciudad de Chicago, lo que a veces requiere que esté lejos de su hogar en su trabajo durante varias semanas. Había entrenado muy bien hasta dos meses antes del maratón, momento en el cual se volvió casi imposible correr lo suficiente.

Dos semanas antes del maratón mi amiga Kellie, la esposa de Greg, me envió un mensaje por texto. En el mismo mencionó que Greg estaba diciendo que no iba a correr porque no había entrenado lo suficiente. Yo pensé: "¡Oh no! Tengo que llamarlo y alentarlo." Lo llamé y le dije con entusiasmo: "¡No puedo esperar a verte y acompañarte en la salida el domingo del Maratón! Kellie me dijo que estabas considerando no correr. ¿Qué estás pensando?" Él procedió a decirme que no había entrenado lo suficiente y que pensaba que no podría lograrlo. Yo le dije: "Greg, ¿en algún momento pensabas que ibas a ganar? ¡Lo único que tienes que hacer es terminar! Tú lo puedes hacer, aunque tengas que caminar parte de la ruta. ¡Lo importante es que lo hagas! Imagínate cómo te vas a sentir si Antonio y yo cruzamos la meta y tú no corres. Te dirás a ti mismo, '¡debí

> Tú quieres cruzar la meta y decirte "¡Qué bueno que lo hice!"

haberlo hecho también!' ¡Tú no quieres eso! ¿Verdad? Tú quieres cruzar la meta con nosotros y decirte: "¡Qué bueno que lo hice!'"

En el momento preciso que estés considerando no presentarte, debes preguntarte, ¿qué te costaría no presentarte el día que estás supuesto a completar tu meta? Y más importante aún es preguntarte, ¿qué ganarás al presentarte y completarlo?

¡Maneja tu paso!

La euforia, adrenalina, y anticipación de los participantes por su deseo de terminar, durante mi primer maratón, era contagiosa y hasta un poco peligrosa en ocasiones. Cuando te acercas a la "salida" de tu meta, esto te puede ocurrir también. Por eso es importante manejar tu paso. Como en un maratón, no quieres salir muy rápido, porque puedes quedarte sin ímpetu y no tener suficiente energía para llegar a la meta.

La historia de Antonio

Mi esposo me contó su experiencia en su primer maratón, que de casualidad fue el de Chicago también, pero en el 2005. Él se había propuesto la meta de correr las 26.2 millas en 03:15:00, pero el día antes del maratón, un viejo amigo le dijo que si lo completaba en 03:10:00, cualificaría para el Maratón de Boston el próximo año. Solo 20,000 participantes pueden correr, que es la mitad del número de participantes en Chicago y otras carreras mayores. Antonio decidió intentar correr en 03:10:00.

El día del maratón Antonio corrió con los "marca paso"—voluntarios que ayudan a otros participantes con su paso durante la carrera para lograr una meta de tiempo particular. Corrió con ellos hasta llegar a la marca del 10K, que es a las seis millas de la carrera. Aún quedaban 20 millas de recorrido. Él estaba emocionado con todas las personas corriendo, se sentía tan bien que decidió acelerar el paso ya que sentía que los marca pasos estaban corriendo muy lento.

En la milla 16 comenzó a pagar por no haber manejado su paso en la primera parte de la carrera. Sus pies le comenzaron a doler, luego sus pantorrillas, y tuvo que bajar el paso e ir más lento. Cuando llegó a la milla 20 sus rodillas le dolían mucho, y no sabía si iba a poder llegar. Comenzó a caminar durante la milla 21, y en la próxima milla los marca paso le pasaron por el lado. Cuando le pasaron se dijo a sí mismo: "Ok, ahora es el momento," y comenzó a correr con ellos una vez más, aunque no podía mantener el paso de ellos. Lo que le parecía lento al principio de la carrera ahora era un gran reto. Seguían alejándose más y más frente a él, hasta que a mitad de la milla 23 ya no los podía ver.

Con solo 2.2 millas para terminar, se dijo a sí mismo, "Ok. Solo te faltan dos millitas más." Fueron las dos millas más largas de su vida; parecía que nunca iba a llegar a la meta. ¡Por fin llego! A pesar de que no terminó en el tiempo deseado, terminó en 03:14:29. ¡Un poco por debajo del tiempo que originalmente se había propuesto de 03:15:00!

Lo chévere de esta historia es que, a los dos meses de haber completado el maratón, el amigo de Antonio lo llamó y le preguntó: "¿Cuántos años tú tienes?" "34", le dijo Antonio. "¿Cuándo es tu cumpleaños?", le preguntó su amigo. Antonio dijo: "Cumpliré 35 el 18 de febrero." Su amigo comenzó a gritar emocionado y le dijo: "¡CUALIFICASTES PARA BOSTON!"

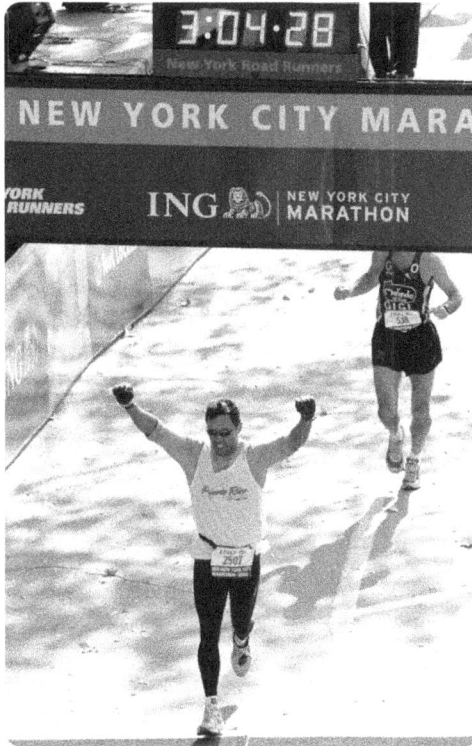

Antonio cruzando la meta del Maratón de Nueva York en el 2006

El tiempo que hizo en el Maratón de Chicago era el tiempo necesario para cualificar para el grupo de 35-40 años de edad. La edad que contaba era la que tendría el día del maratón. Manejar tu paso puede ayudarte a

Manejar tu paso puede ayudarte a evitar retrasos más adelante en tu camino, y también hace de tu recorrido uno menos doloroso.

evitar retrasos más adelante en tu camino, y también hace de tu recorrido uno menos doloroso.

Si tienes un comienzo falso, ¡comienza otra vez!

Existen otros peligros adicionales al del manejo de tu paso que debes considerar. El emocionarte prematuramente puede llevarte a un falso comienzo. En los deportes esto puede tener un gran impacto, ya que puede descalificarte de un evento o adjudicarte una penalidad. En la vida, un falso comienzo puede ocurrir cuando empiezas en un trabajo y al cabo de unos días decides que no es lo que quieres hacer.

Esto me ocurrió recientemente en mi práctica dental. Mi socio se estaba retirando, y yo quería encontrar a otro dentista para tomar su lugar. Se lo comenté a una colega para que me diera sugerencias e ideas, y ella se lo comentó a una doctora residente quien trabajaba con ella. La residente me llamó y nos reunimos para una entrevista. Le describí el tipo de clínica que operamos. Vemos a los pacientes por cita, en donde ya establecemos los procedimientos específicos que vamos a llevar a cabo. Le expliqué que éramos una práctica de odontología estética en un ambiente de spa en donde nos gusta mimar a nuestros pacientes. Le aclaré que no éramos una práctica de mucho volumen, y sí una de servicios de alta calidad. Parecía ser que teníamos una buena afinidad y que al ella unirse nos permitiría expandir las opciones de tratamiento en específico aquellos que estábamos refiriendo a otros colegas.

Hubo que retrasar su fecha de comienzo, ya que ella tuvo unos retos con el Departamento de Salud para el trámite de su licencia dental. La persona quien firma las licencias se encontraba de vacaciones, por lo tanto, decidimos que comenzaría en agosto al retornar de nuestro receso de verano. Tres días después que había comenzado, se reunió conmigo y me dijo que no creía que iba a funcionar para ella trabajar en mi práctica. Ella había recibido varias llamadas de otros dentistas con prácticas de alto volumen, y sentía que en ese momento de su carrera esas clínicas serían más afines con su situación. Yo concordé con ella. Esto resultó ser un falso comienzo para ella en su meta de trabajar en una práctica dental. ¿Fracasó en lograr su meta? No. Fue lo opuesto. Ella ahora trabaja en una práctica dental de alto volumen, lo cual resultó ser una mejor opción para ella. Un comienzo falso no es el fin del mundo; lo importante es, ¡volver a empezar!

> *Un comienzo falso no es el fin del mundo; lo importante es, ¡volver a empezar!*

¡Disfruta el camino; espera tener éxito!

Recuerda que la única manera en que puedes fracasar es si te quitas. Por lo tanto, ¡preséntate! ¡Estás listo! Este es el momento por el cual has estado trabajando, confía en tu preparación no importa cuánta sea. Este es el momento de mantener tu fin en mente, verlo claramente, y recordarte de todas las razones por lo que querías hacerlo. ¡Asegúrate de disfrutar del camino, manejar tu paso, esperar completarlo, y creer en ti! ¡Yo creo en ti!

Capítulo 6 Pasos de acción

"Es solo el primer paso el que es difícil."

~ Marie De Vichy-Chamrond

1. ¡Preséntate!
2. ¡Maneja tu paso!
3. Si tienes un falso comienzo, ¡comienza otra vez!
4. ¡Disfruta el camino; espera completarlo; espera tener éxito!

Capítulo 7

¡A medio camino!

" *Estamos solo a medio camino de lo que pensamos podemos lograr."*

~ **Bill Gates**

Hasta este momento en el maratón, había corrido junto a Dios, mis padres, mis hermanas, Mónica y Rosana, mi cuñado Che, mis dos abuelas, mis hijas Marianna y Danielle. También junto a mi equipo de negocio, mi amigo Enrique, quien fue el primero que me animó a correr, y mi primer coach Manuel, a quien le dediqué la milla 13.

El punto medio de un maratón es la milla 13.1. Este es un momento muy emocionante en la carrera, en donde hay un cruza calles gigantesco que lee: "¡A medio camino!" ¡Maravilloso, darme cuenta que ya había corrido esa distancia y que estaba a punto de hacerlo de nuevo! ¡Qué increíble! Mantuve mi meta en mente y porque estaba corriendo "con" diferentes personas durante cada milla, nunca se me ocurrió detenerme. Estaba deseosa de iniciar cada milla para sentir la experiencia que me provocaría.

Celebra; ¡Estás a medio camino!

Esto puede ser abrumador y emocionante a la misma vez. Para aquellos de nosotros que vemos el vaso medio lleno, sabemos que podemos llenarlo (o llegar a la meta) porque ya hemos llegado a la mitad del camino. Para aquellos de ustedes que ven el vaso medio vacío, en ocasiones puede parecer enorme tener que volverlo a hacer todo de nuevo para llegar a donde quieres llegar. Este es el momento dentro del proceso en donde vas a querer celebrarte a ti mismo, por todo lo que ya has logrado hasta este momento. ¡Date una palmadita¡ Asegúrate de que estás anotando tus éxitos en tu registro de victorias. En vez de enfocarte en lo que aún te queda por hacer, enfócate en lo que has logrado hacer hasta ahora. Recuerda que, ¡tú puedes lograrlo! Ya has invertido el esfuerzo para llegar a medio camino, ahora concéntrate en poner ese mismo esfuerzo de nuevo y, ¡llegarás a la meta!

> Reconoce todo lo que has logrado hasta este momento.

A Medio camino del Maratón de Chicago de 2006

Este no es el momento de ponerte cómodo y complaciente. Imagina que estás empujando un peñón enorme cuesta arriba y que tu meta es empujarlo hasta que baje al otro lado de la cuesta. Si llegas al tope de la cuesta y te detienes para tomar un respiro por demasiado tiempo, el peñón podría comenzar a volver a bajar por el lado equivocado, y tendrías que poner el mismo esfuerzo, incluso posiblemente más, para volverlo a subir. Por otro lado, si no dejas de aplicarle presión y esfuerzo al peñón, llegará al punto de inflexión donde habrá ganado tal impulso y fuerza que va a ser muy difícil detenerlo.

Cuando Antonio y yo nos estábamos preparando para nuestro primer taller de "Enciende tu Éxito", nuestro hijo Antonio Aníbal, quien tenía 10 años, jugaba con un regalo de navidad que había recibido de mi mejor amiga Nel. Era un rompecabezas de 1000 piezas. Sí. ¡1000 PIEZAS! Le dijo a mi esposo: "Papi, yo quiero hacer esto contigo. ¿Me ayudas?" Era domingo, así que tenían tiempo para trabajar en el rompecabezas. Comenzaron, y Antonio le dijo a nuestro hijo: "Vamos a agrupar las piezas del borde, así podemos completar el borde primero." Al cabo de 10 minutos de armar el rompecabezas, el pequeño Antonio Aníbal al darse cuenta del tamaño de la tarea que acababan de iniciar había perdido el interés y dejó de hacerlo. Sin embargo, mi esposo continuó construyendo el borde, y mientras yo le pasaba por el lado, añadía una pieza aquí y otra allá.

Unas cuantas horas después, el borde estaba terminado y ahora yo estaba ayudando a Antonio. El rompecabezas mostraba una foto de la Copa Mundial de FIFA con todas las banderas de los países participantes de esa federación internacional de fútbol. Habíamos separado las piezas por color, y cada uno de nosotros estaba trabajando en una sección diferente. Terminamos un poco más de un cuarto del mismo, y decidimos que era hora de acostarnos; ya que era casi la medianoche.

El lunes llegó y mientras me preparaba para nuestro próximo taller que daríamos el sábado, no podía evitar dedicarle unos minutos aquí y allá al rompecabezas. Estaba encima de nuestra mesa de centro en la sala, justo detrás del área en donde tengo mi oficina en mi casa. Antonio llegó para almorzar, y una vez más nos encontrábamos armando juntos el rompecabezas. En la noche el rompecabezas nos llamó nuevamente. Terminamos acostándonos a la una de la mañana.

Al terminar nuestro itinerario completo del martes, yo con mis pacientes y Antonio con su negocio, aun teníamos que completar los preparativos finales de nuestro taller. Comenzamos a trabajar en la presentación, cuando de repente, ¡lo adivinaste! ¡El rompecabezas nos agarró el interés como un imán! No podíamos despegarnos. Ya saboreábamos la victoria, mientras la imagen se iba completando cada vez más, minuto por minuto. No solo estábamos trabajando en nuestras secciones del rompecabezas, ¡sino que estábamos colaborando!: "Mira a ver si puedes encontrar la pieza que es mitad verde con una punta blanca y una línea negra que baja por el medio"; "estoy buscando una pieza que es completamente roja excepto que una de sus puntas es blanca."; "La encontré." Esto continuó durante horas hasta que solo faltaban aproximadamente 30 a 40 piezas para terminarlo. Y, ¡sorpresa! Eran casi las 2 a.m.

No podíamos detenernos ahora. ¡Teníamos que terminar! ¡Así lo hicimos! ¡Fue tan increíble! Brincamos, nos dimos palmadas, tomamos fotos del rompecabezas y las pautamos en Facebook. ¡Esto fue un gran logro! ¡MIL PIEZAS! ¡SÍ!

¡El Rompecabezas de 1000 piezas que Antonio y yo terminamos!

Lo que nos mantuvo tan ensimismados mientras completábamos el proyecto, es que teníamos una imagen clara de cómo se vería el resultado final. Teníamos la caja con la foto del rompecabezas terminado.

No solo nos sirvió como un objetivo claro, sino que nos permitió medir nuestro progreso. Con una mirada, podíamos saber aproximadamente cuánto nos faltaba por terminar. El deseo de terminar el rompecabezas antes de que el pequeño Antonio Aníbal regresara a casa con nosotros el próximo fin de semana, cuando nos tocaban nuevamente los niños, nos sirvió como el "porque" que nos motivaba a terminar. Mi esposo quería enseñarle a nuestro hijo la importancia de no darse por vencido y el valor de terminar lo que comienzas.

> Ten una imagen clara de como se verá el resultado final.

Como en todo, hay un momento de masa crítica, en donde una vez llegas, ocurre una especie de efecto de bola de nieve en donde puedes moverte más rápido con menos esfuerzo para cubrir la misma distancia. Cuando estás a medio camino hacia tu meta, es crítico seguir moviéndote hacia adelante. Esto es lo que asegurará que tengas el impulso de tu lado.

Cuenta con tu equipo para mantener tu impulso

Regresemos a la historia de Greg. Aproximadamente dos semanas antes del día del maratón todo lo que Greg escuchaba de su familia y amigos era: "Tú no puedes lograrlo. No sabes lo que estás haciendo. Tú no estás hecho para correr un maratón." Greg mide 6'3" y tiene un cuerpo de huesos grandes. Evidentemente él tenía algunas personas en su equipo que no compartían realmente su visión. ¿Recuerdas lo crucial que es esto cuando quieres lograr algo importante? Luego de que él y yo conversáramos, él se sintió empoderado y alentado y estaba determinado a "probar que todos los que decían que no lo podía lograr estaban equivocados."

El 11 de octubre de 2009, el domingo del Maratón, nuestra estrategia era que los tres íbamos a cruzar la meta juntos. Si teníamos que bajar el paso o caminar parte de la ruta, eso estaba bien, siempre y cuando siguiéramos hasta el final y llegáramos a la meta. Greg había corrido hasta 12 millas durante su entrenamiento; sin embargo, el entrenamiento recomendado para un maratón incluye hacer por lo menos una carrera de 20 millas o más antes del gran día.

¡Salimos! Estábamos todos muy emocionados y comenzamos a correr a un buen paso. Pasamos la marca del 5K, luego la del 10K. ¡Sí! Pasamos la marca del 15K, y entonces llegamos a la de 21K (también conocida como "Medio Camino.") ¡WOW! Nuestro impulso estaba muy bueno, y las próximas millas mantuvimos el ímpetu a pesar del dolor y la fatiga que comenzaban a afectar a Greg. Me di cuenta que comenzaba a sentir los efectos de la distancia que habíamos cubierto, además, del hecho de que no había corrido esta distancia durante su entrenamiento. Su cuerpo estaba entrando en territorio desconocido. Le dije: "Déjame saber si quieres bajar el paso." Él me dijo: "No tienen que quedarse conmigo, pueden seguir adelante si quieren." "No," le dijimos; "vinimos a correr el maratón completo contigo, así que si tenemos que bajar el paso lo haremos."

Bajamos el paso ya que los músculos de Greg comenzaban a fatigarse. Llegamos a la milla 15 y comenzamos a darnos palmadas y hacer el conteo regresivo de las millas. Yo decía, "Solo 11 millas más para terminar, ¡Eso es!" Comenzamos a caminar y correr. Mientras nos acercábamos a la milla 17 a Greg le comenzó un dolor punzante desde su tobillo hasta la parte superior de sus piernas. Le dijimos que caminaríamos si teníamos que hacerlo, con solo nueve millas más hasta la meta, lo haríamos juntos. A pesar de que Greg estaba adolorido, me daba cuenta de que estaba determinado a terminar y el estar nosotros allí con él era instrumental para lograrlo.

Esto me confirmó la importancia de tener a las personas precisas en tu equipo, personas que te alientan y que estarán contigo cuando las cosas se pongan difíciles, capaces de caminar por el fuego contigo para llegar al otro lado. Por lo tanto, tener un grupo de personas que creen en ti puede ser de gran ayuda, especialmente si llegas a un punto en donde estás cansado y hasta comenzando a cuestionarte lo que estás haciendo.

Corriendo en el Maratón de Chicago con Greg (izquierda) y mi esposo Antonio (derecha) en el 2009

Continúa avanzando, aunque sea a un paso más lento

Para poder tomar ventaja del impulso, es importante elegir seguir avanzando, aunque sea a un paso más lento. Es mucho más difícil detener algo que está en movimiento que algo que no lo está. Como dice John C. Maxwell, "El impulso es el gran exagerador." Cuando tienes el impulso de tu lado, nada se descarrila, los retos no desaniman y se manejan con facilidad. Además, el dolor y el cansancio se mantienen en segundo plano cuando nos mantenemos enfocados en nuestro destino y cuán lejos ya hemos caminado para llegar al mismo.

Capítulo 7 Pasos de acción

"Fue el carácter el que nos sacó de la cama, el compromiso el que nos movió hacia la acción, y la disciplina la que nos permitió completarlo."

~ Zig Ziglar

1. ¡Celebra tus logros, reconoce que estás a medio camino!
2. Depende de tu equipo para aliento y apoyo para mantener tu impulso.
3. Sigue avanzando, aunque tengas que ir a un paso más lento.

Capítulo 8

¡Cavar profundo!

" *Tienes que hacer lo que otros no harán. Para lograr lo que otros no lograrán."*

~ Anónimo

Hay un momento durante el maratón al cual los corredores llaman "dar con la pared." Usualmente ocurre alrededor de la milla 20 de la ruta. La explicación científica de "dar con la pared" es el agotamiento de las reservas de glucógeno en los músculos y el hígado. Esto causa que te sientas con falta de energía, por tanto sientes que "das con la pared" y quieres parar o quitarte. ¿Alguna vez has estado bien cerca de obtener o lograr algo y de repente sientes que todo lo que podía ir mal, ocurre y todo a la vez? Esto es el equivalente a "dar con la pared."

Nos acercábamos a la milla 20 cuando Greg se detuvo. Nos dijo que sus piernas se sentían como jalea, y comenzó a estirarlas. Le dijimos: "estíralas cuanto necesites; podemos caminar por ahora." Greg había dado con "la pared." El quería continuar; pero no sabía cómo lo iba a hacer ya que sus piernas estaban débiles y no le respondían. "Terminaremos juntos, aunque tengamos que caminar el resto de la ruta," le dijimos alentándolo a continuar. Caminamos la mayor parte del tiempo, aunque trotábamos intermitentemente mientras Greg agonizaba. Al alcanzar cada marcador de milla, Yo le decía "¡Eso es!, cinco millas más y terminamos!" Luego, "¡cuatro más, nos estamos acercando a la meta!"

No toda persona tiene esta experiencia de "dar con la pared." A veces no es una pared sino algo menor como decir una barricada en la calle o un lomo de velocidad. La clave para romper la pared y continuar avanzando está en la forma en que respondes y en cómo te has preparado mentalmente para este momento.

> La clave para romper la pared y continuar avanzando está en la forma en que respondes y en cómo te has preparado mentalmente para este momento.

Como les mencioné anteriormente, a mi entrenador Chewi le habían advertido de las cuestas difíciles que se encontraría en el Parque Central, hacia el final de la ruta del Maratón de Nueva York. Además de las condiciones del tiempo, que era otro factor y posible obstáculo que tenía que considerar y del cual sentía preocupación. Decidió que no podía arriesgarse. El día antes del maratón, fue a inspeccionar las cuestas y las corrió. Pensó: "No son tan difíciles."

Por la milla 23 del maratón, se acercaba a la entrada del Parque Central, cuando de repente, le dio calambre en las piernas. Sintió el efecto de las millas que ya había recorrido. "¡Diantre! ¿De dónde salieron estas cuestas? Parecen mucho más empinadas que las que corrí ayer," pensó.

Él estaba tan enfocado en su meta que antes de empezar el maratón había decidido que no habría ninguna pared que enfrentar. Él estaba preparado para todos los posibles obstáculos y, por lo tanto, la pared nunca apareció, solo unas cuestas que ya sabía cómo manejar. Bajó el paso y decidió que era más importante terminar la carrera que intentar terminar en menos de tres horas y arriesgarse a no poder terminarla. Secretamente quería terminar antes que los integrantes de su grupo de corredores. No lo habían apoyado mucho con su meta de terminar en tres horas y en vez de estar orgullosos de él cuando corrió con la bandera nacional el día antes del maratón, le comentaron que pensaban que fue un error haberlo hecho. Él quería probarles que eran ellos quienes estaban equivocados.

Otra cosa que lo mantuvo en la carrera, además de su enfoque y determinación de terminar, eran las otras personas que corrían a su lado. Me contó que muchas eran personas que él nunca hubiese imaginado ver completando una prueba de resistencia de este tipo. Personas que parecían estar sobre peso, personas con limitaciones físicas (como piernas prostéticas), hasta personas mucho mayores que él. Ellos lo inspiraron mucho y lo motivaron a continuar. ¡Si ellos podían, él también podía!

Cuando yo llegué a la milla 20 de mi primer maratón, sabía que ya había tenido una experiencia extraordinaria, me disfrutaba correr cada milla con personas importantes en mi vida. Mientras comenzaba esta milla, me sorprendía y me emocionaba de lo que ya había logrado y de lo cerca que estaba de terminar. Me faltaban 10K para terminar. Pensé: "eso es fácil." Corrí la milla 20 con mi mejor amiga Nel, quien es como una hermana para mí. Nos conocemos desde el noveno grado. Qué milla divertida el recordar y revivir todas nuestras aventuras y momentos compartidos. De pronto pensé: "¿no se supone que haya un tipo de pared con la cual me enfrentaré pronto?" Inmediatamente me dije: "No ocurrirá. Estoy disfrutando mi carrera demasiado para enfrentar ninguna pared, y además las últimas cinco personas se acercan y estoy determinada a correr con ellos tal y como lo he hecho con los demás." No reconocí la posibilidad de dar con la pared; hice lo opuesto. No existía esa posibilidad para mí.

Ten en cuenta, que para mí lo más importante era terminar el maratón. Yo estaba clara de que no estaba en competencia con los kenianos o con cualquier otra persona. Esta era mi carrera personal. Da la casualidad que otras 40,000 personas también corrían su propia carrera a mi lado. ¿Qué hice para evitar que "la pared" apareciera? Principalmente, enfocarme en disfrutar mi experiencia de la manera en que la había creado. A pesar de que no necesariamente fue como originalmente pensaba que iba a ser, fue definitivamente mucho mejor.

Corriendo a travez de Chinatown durante el Maratón de Chicago de 2006

Imagínate los "qué pasa si" y resuélvelos por adelantado

¿Cómo puedes evitar dar con la pared? La mejor forma de evitar o prevenir que aparezca la pared es estar preparado. La preparación es el resultado de la práctica y la repetición. No estoy diciendo que tienes que correr un maratón antes de correr el maratón. Quiero decir que para estar preparado para cualquier reto u obstáculo que pueda surgir en el camino a tu meta, debes anticiparlos y tener una estrategia trazada para sobrepasarlos si aparecieran.

Una cosa que puedes hacer es escribir tu meta y hacer una lluvia de ideas sobre qué debilidades o posibles obstáculos puedes anticipar que puedan surgir en tu trayecto hacia lograrla. Para cada obstáculo o debilidad, identifica por lo menos tres soluciones o maneras de sobrepasarlos. Esto es jugar el juego de "qué pasa si…" y saber exactamente cómo manejarías cualquiera de los contratiempos que puedan presentarse.

Por ejemplo, suponte que tu meta es dirigir tu primer taller para un mínimo de 25 personas. Comienza por escribir todos los elementos que necesitarías para que esto ocurra. Necesitarías un local; necesitarías invitar a las personas al evento. Tal vez necesitarías anunciarte. También tendrías que diseñar el taller, practicar tu presentación, preparar cualquier material impreso, confirmar asistencia de tus invitados, y un tanto más.

Para cada elemento, escribe todos los escenarios posibles de "qué pasa si…" y luego piensa en posibles soluciones. Como ejemplo, vamos a hacer el ejercicio de una lluvia de ideas de los "qué pasa si" para realizar una presentación en *PowerPoint* o *Keynote*.

¿Qué pasa si…la luz del proyector no funciona?
Soluciones:

• Tener una bombilla de respuesta.
• Considerar usar un plasma o LCD para enseñar tus ayudas visuales.
• Tener los cables de conexión y los aditamentos necesarios para cualquiera de los casos.
• Estar preparado para llevar a cabo el taller sin ayudas visuales, o tener una pizarra o caballete con libreta como alternativas.
• Tener copias impresas de la presentación disponible.

Ya vez como hacerlo. Haz esto para cada "qué pasa si" en tu lista.

En el Capítulo 2, mencioné a Charlie, Ray y Kevin, los corredores que cruzaron el Sahara. Ellos tuvieron muchos retos y obstáculos en el camino hacia el Mar Rojo. Deshidratación, fatiga, heridas y enfermedades fueron algunos de los retos recurrentes que enfrentaron los corredores. Hubo un reto en particular que se convirtió en "la pared" de los corredores en esta expedición. Era la incertidumbre de si los iban a permitir correr a través de Libia en su camino hacia el Mar Rojo. De las alternativas de ruta, Libia era el país más seguro para atravesar; las otras opciones eran Chad y Sudan, ambas áreas con minas en el terreno y atmósferas hostiles. En otras palabras, eran opciones extremadamente peligrosas. El director de la expedición diligentemente contactó al gobierno de Libia, las Naciones Unidas, y también a sus contactos personales, todo esto por poder lograrlo para los corredores, lo cual requería de mucha persistencia y creatividad.

Habían corrido el equivalente de 84 maratones, sobre 2,000 millas, en casi dos meses. Se estaba tornando extremadamente difícil continuar corriendo con la posibilidad de llegar a la frontera de Libia y tener que ponerle fin a su expedición. El fin de su meta.

Cuando surgió esta situación, Kevin, quien era de Taiwan, se enfrentó a una decisión muy difícil. El sentía que la posibilidad de correr a través de cualquier otro país que no fuera Libia, era un riesgo que no estaba dispuesto a enfrentar. Habló con sus compañeros y les dejó saber que iba a regresar a su hogar y no terminar. Charlie y Ray lo alentaron y le dijeron que sabían que él lo podría lograr y que no se quitara porque eran un equipo y querían terminar juntos como equipo. Lo convencieron a continuar corriendo hasta llegar a la frontera de Libia.

En el día 65 de su expedición, recibieron noticias del gobierno de Libia que los iban a dejar entrar al país y atravesarlo corriendo en ruta hacia el Mar Rojo. Llegaron a la frontera de Libia en el día 74 luego de llevar corriendo el equivalente de 108 maratones. Les tomó otros 25 días atravesar a Libia corriendo para llegar a Egipto.

La Carrera de Natalie

¿Cómo se preparó Natalie para enfrentarse a la pared? Ella me confesó que hubo unas cuantas veces que no había hecho sus entrenamientos y que comenzó a sentir miedo de que no iba a poder completar el maratón. Ella le dijo a su miedo que se montara en el asiento trasero porque ella era la conductora de este tren. El otro factor que la ayudó en su preparación, fue un hombre de 80 años quien entrenaba con su grupo, aunque a un paso más rápido. Este hombre había completado 27 maratones. Siempre que pensaba en él, se inspiraba por su compromiso y pasión. Se decía a sí misma "si él puede hacerlo a su edad, Yo tengo CERO razones para quedarme sentada en mi sofá inventando excusas." Ella también usó el poder de la visualización, imaginándose corriendo la carrera y completándola en su meta de tiempo de menos de cuatro horas, exaltada y llena de orgullo y gozo. La semana antes de la carrera, añadió a su amiga Lizzie a su visualización, corriendo con ella y terminando juntas. ¡Estaba lista y muy emocionada!

Allí estaban en la salida con miles y miles de otros. Estaba oscuro y frío, eran como las 4:30 de la mañana. La carrera estaba supuesta a comenzar a las 5:00 a.m. Natalie se sentía muy emocionada y al mismo tiempo un poco nerviosa. Estaba tan estremecida de poder compartir esto con su amiga Lizzie, quien había sido una adición inesperada a la increíble experiencia que estaba a punto de tener. "Podía sentir el aire, espeso y lleno de emoción y alegría; habían tantos grupos corriendo para alguna causa benéfica y haciendo algo que todos podíamos tachar de nuestra lista de metas": recordaba Natalie sonriendo.

Se escuchó el tiro de la salida y comenzaron a correr. Me compartió que una de las cosas más agradables de la experiencia fue que podía ver a todas las personas aplaudiéndoles y apoyándolos a través de toda la ruta. Vio a muchos aplaudiéndole a personas que conocían y a otras que no conocían, solo porque estaban corriendo. Pensó, "¡Qué gran regalo, estos son desconocidos apoyándonos, sin esperar nada a cambio!" Llegaron al marcador de la séptima milla y pensó, "¡Wow! Aún tenemos 20 millas más por correr." Se reían y replanteaban con humor para alivianar la situación y sus sentimientos. Ella recuerda que mayormente eran sus mentes que les decían, "¿En serio que vas a seguir?" Todo estaba bien hasta la milla 12 en donde las dos estaban bien cansadas, el rugido de los espectadores apoyándolas y aplaudiendo fue lo que las mantuvo en la carrera. Estaba tan agradecida de tener a Lizzie batallando junto a ella.

El desastre ocurrió en la milla 17 cuando la rodilla de Lizzie falló. Natalie se sintió triste por Lizzie y su lesión. Lizzie le dijo que siguiera sin ella, porque si no, no iba a lograr su meta de tiempo. Natalie no lo aceptaría. Le dijo a Lizzie que ella era más importante que cualquier meta de tiempo y que no iba a continuar sin ella. Natalie comenzó a enfocarse en Lizzie y en como la podía ayudar a terminar junto a ella. En este momento, me comentó Natalie: "la carrera se transformó, ahora se trataba de la otra persona y no de mi meta personal." Lizzie pudo recomponerse, y caminaron y cojearon la mayor parte del trayecto. Resulta que Lizzie sabía que tenía un problema con su rodilla antes de comenzar la carrera y había decidido que quería correrla a pesar de eso. Cuando se lo dijo a Natalie mientras caminaban y cojeaban, inspiró a Natalie tanto, que estaba determinada a continuar con ella hasta la meta.

Natalie recuerda el momento culminante, "Mientras ella arrastraba su pierna sobre la línea de la meta, las lágrimas bajaban por nuestros rostros, recordé los sentimientos que había visualizado con el tema de la película *Chariots of Fire* tocando en el fondo. Terminamos en más de cinco horas; no estoy segura de cuánto tiempo nos tomó. En realidad, no me importó. Lo que importaba era que habíamos terminado." ¡Se inspiraron mutuamente!

Natalie y Lizzie corriendo el Maratón de Hawaii de 2001

La historia de Jeff

En enero del 2013, me encontraba en Miami para correr el medio maratón, mi esposo y yo conocimos a una gran corredora quien vendía faldas de correr. Su nombre es Michelle. Nos disfrutamos mucho el haberla conocido y escuchar la historia de su esposo Jeff y su primer maratón. Es un ejemplo excelente de cavar profundo y de cómo todos tenemos nuestra propia carrera y experiencias por vivir. Escogemos cómo vamos a responder y cómo estas experiencias nos impactarán.

Ten a tu equipo de apoyo listo

Michelle acordó entrenar a su esposo para su primer maratón. No iba a ser cualquier maratón, iba a ser uno en primavera, que quería decir que las 16 semanas de entrenamiento previo serían durante los peores cuatro meses de clima en Nueva York. No tenía otra opción que hacer todos sus entrenamientos afuera… junto al efecto de lago en la nieve y aguaceros helados. Ella se pasaba diciéndole que estas condiciones lo estaban preparando para cualquier tipo de clima el día de la carrera y que "nadie se siente mejor si no corre." Y así bajaban sus cabezas y continuaban con los entrenamientos.

Esto tuvo un gran efecto en sus almas y en sus suelas. Sus zapatos de correr ya se habían convertido en viejos amigos. Estaban o en sus pies o en el baúl de su auto. En las palabras de Michelle, estaban completamente domados y amoldados, y también estaban completamente lizos. Dos semanas antes de la carrera, ella compró nuevas zapatillas para ella y su esposo. El mismo modelo, tamaño, y color. Eran idénticos a los viejos.

Y allí estaban, la noche antes del maratón: la ropa lista, los números sujetados a las camisas, la nutrición para la carrera encima de su ajuar, las zapatillas con su "chip" (marca tiempo) colocado, la ropa post carrera lista y su neverita llena de bebidas para celebrar, agua y comida. Su carro tenía gasolina, habían cotejado las direcciones y tenían un plan para el estacionamiento. Estaban listos. ¡Era perfecto!

¡Arrancaron! Como ya hemos establecido, 26.2 millas es una distancia larga no importa cual sea la ruta. Estaban corriendo a un buen paso a través de la primera parte de la ruta. Aproximadamente en la milla 10 del Maratón de Búfalo, Jeff miró a Michelle y le dijo: "Caramba, me duelen los pies." Ella le contesto "Estás bien. ¿En qué parte de la ruta nos irán a encontrar tus padres?" Continuaron.

Cerca de la milla 15 él la miró nuevamente y le dijo, "¡Mis pies se sienten como si estuvieran en fuego!" Ella le repitió que él estaba bien y que estaba sirviendo de un gran ejemplo para sus hijos. Continuaron.

En la milla 20, Jeff miró a Michelle con dolor en su rostro y le dijo, "Mis pies me duelen de VERDAD." Una vez más ella le dijo: "Tú estás bien. Te vas a sentir tan bien cuando te pregunten que hiciste este fin de semana y tu contestes que corriste un maratón." Y una vez más, continuaron.

En la milla 23 Michelle recuerda literalmente oler humo. ¡Agraciadamente los pies de Jeff no estaban realmente encendidos en fuego! Ella le dijo, "Solo nos faltan 5K para llegar." Él la miró con los ojos rojos de la sal de su sudor y le dijo: "¡Mis pies se están quemando!" ¡Jeff había llegado a la pared! Michelle comenzó a alentarlo a continuar diciéndole lo orgullosa que estaba de él por su esfuerzo. Y precisamente eso fue lo que hicieron, continuar.

Cruzaron la meta con sus cabezas en alto y sonriendo. ¡Lo hizo! Jeff había logrado una de sus mayores metas de vida. Estaba brillando, y Michelle no podía estar más orgullosa. Mientras caminaban a su auto a encontrarse con amigos, cambiarse de ropa y buscar agua, fue entonces que él dijo algo que la conmovió.

En un susurro doloroso Jeff dijo, "Me puse las zapatillas equivocadas." Michelle se esforzaba por comprender. Luego de un minuto se dio cuenta de lo que él quería decir. ¡Había usado las zapatillas EQUIVOCADAS! Se había puesto sus "viejos amigos" por error en una decisión de último minuto antes de partir de su casa en la mañana. Sus viejos amigos no tenían el "chip" de marcar el tiempo en ellas, por lo tanto, no se registró su tiempo oficial en la carrera. Aunque Jeff no terminó el maratón oficialmente. Sí lo hizo.

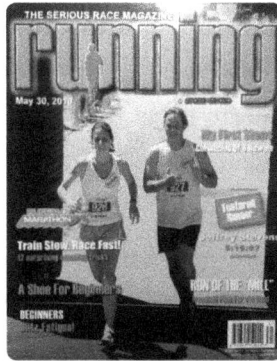

Jeff Stevens cruzando la meta en el Maratón de Búfalo

Como aprendí de Michelle, la fuerza física de un corredor solo puede ser sobrepasada por el corazón que él o ella tenga. No importa lo que digan los demás, tu corazón sabe la verdad. El reloj, el chip, los resultados oficiales, hasta la llamada de tu hermano mayor confundido quien quiere saber por qué tú no terminaste el maratón a pesar de que vio que tu esposa sí lo terminó. Tu corazón sabe que lo hiciste…y continúa.

> *No importa lo que digan los demás tu corazón sabe la verdad.*

Visualízate en la meta!

Aunque parezca difícil de creer, este capítulo me ha tomado más tiempo en escribirlo que todos los demás en este libro. Lo que encuentro interesante es que es precisamente como debe ser. Esto marca el punto en mi escritura en donde estoy muy próxima a terminar. Es el capítulo en donde fácilmente podría dar con "la pared." Mientras que he bajado el paso al cual estaba escribiendo, nunca me he detenido. Al igual que en mi primer maratón, me he visto en la meta con relación a este libro y el impacto que tendrá en tu vida al leer las palabras contenidas en él. Es lo que me inspira a continuar no importa a qué paso. Verte en la meta y sentir las emociones que tendrás al lograrla es crucial cuando estás acercándote a la misma y te sientes que estás en "la pared" o estancado. Mientras compartía esto con mi buena amiga y *coach* Jan, ella compartió conmigo un momento en el cual ella tuvo la experiencia de dar con "la pared."

Sigue, ¡estás llegando!

Jan estaba participando de una caminata de 39 millas para el cáncer de seno. Cuando estaba a seis millas de la meta, su rodilla comenzó a dolerle mucho, y sintió que iba a tener que parar. Había dado con "la pared." Ella llamó a su entrenador, quien también es su esposo, Ian, y le dijo: "Hemos terminado; se acabó. Mi rodilla derecha se está doblando y no responde. Ven a buscarme en el auto." Él le dijo: "Tú no quieres hacer eso. Vamos, Jan. Lo único que tienes que hacer es alcanzar a esas mujeres y pasear en su cola." Jan le contestó: "alcanzarlas; si ni siquiera las veo. Mi rodilla me está hablando." Luego, le dijo: "Esto es lo que voy a hacer. Voy a llegar a la próxima estación de ayuda y pedir que me pongan un vendaje en la rodilla, y veremos cómo me va."

Jan (extrema derecha) con su esposo Ian (a su izquierda) y compañeras participantes durante su Caminata de 39 millas de Cancer de Mama

Llegó a la estación de ayuda, y había una mujer ayudando quien de casualidad era una enfermera y se había quitado de la caminata. Jan le explicó sobre su dificultad con su rodilla y la mujer le dijo que debería parar la caminata. Jan muy cortésmente le pidió que le vendara la rodilla para poder terminar la caminata. La mujer bajo protesta hizo lo que Jan le pidió, sorprendida por su decisión de continuar.

Jan siguió caminando y cruzó la meta eufórica y orgullosa. ¡Estaba tan feliz por haber completado la carrera! Ian se encontró con ella, sonriendo, diciéndole lo orgulloso que estaba de que ella lo había logrado. Le dijo: "Yo sabía que lo podías hacer. Sabía que querías terminar. Sabía que lo que necesitabas era un poco de aliento y apoyo."

> La única forma que no vas a llegar, es si te quitas.

Es crucial para tu éxito tener a las personas correctas en tu equipo y estar preparado para todo lo inimaginable que pueda pasar. Mientras continúes avanzando lo lograrás, aunque a un paso más lento, aunque estés inseguro de la ruta que vas a tomar, aunque tengas una rodilla vendada, o hasta tengas los pies encendidos. ¡La única forma que no vas a llegar, es si te quitas! Sigue. ¡Estás llegando! ¡Tú lo puedes lograr!

Capítulo 8 Pasos de acción

"No importa cuán lento vayas siempre y cuando no te detengas."

~ Confucius

1. Escribe todos los elementos importantes y necesarios para lograr tu meta, y escribe todos los escenarios de "qué pasa si" que se te puedan ocurrir, y crea por lo menos tres soluciones para cada uno.
2. Ten a tu equipo de apoyo listo y prepáralos para que te den aliento, especialmente cuando tú digas que quieres parar o quitarte cuando creas que no puedes continuar. ¡Ellos saben mejor!
3. Visualízate en la meta y siente las emociones de haberla logrado. ¡Esto te dará energía y motivación adicional!
4. Sigue, ¡que estás llegando!

Capítulo 9

¡Lo hiciste!

"*Lo que obtienes al alcanzar tus metas no es tan importante como en que te conviertes al alcanzar tus metas."*
~ Henry David Thoreau

¿Recuerdas a Greg? Luego de caminar y trotar intermitentemente durante gran parte de la ruta después de pasar la milla 15, nos acercábamos al marcador de la milla 25. Le dije, "Greg, una vez lleguemos al marcador, estaremos a solo un poco más de una milla para llegar a la meta. ¿Qué te parece si lo corremos?" Greg solo afirmó con un gesto de la cabeza. Cruzamos el marcador, y él se precipitó al frente de nosotros corriendo, mientras Antonio y yo nos mirábamos asombrados. Estaba yendo tras la meta. ¡Podía saborear la victoria!

Era tan emocionante verlo y correr con él, en lo que resultó ser su milla más rápida de todo el maratón. Greg luchaba por contener las lágrimas de emoción abrumadora que lo contagio al cruzar la meta. ¡La cruzamos juntos! ¡Lo hicimos! Le dije, "¡Greg, lo lograste!" Sentía tanto dolor, sin embargo, estaba tan feliz. No podía creer que lo había logrado. Se sentía increíble y estaba tan agradecido de que no se había quitado, que creímos en él y lo alentamos durante todo el camino.

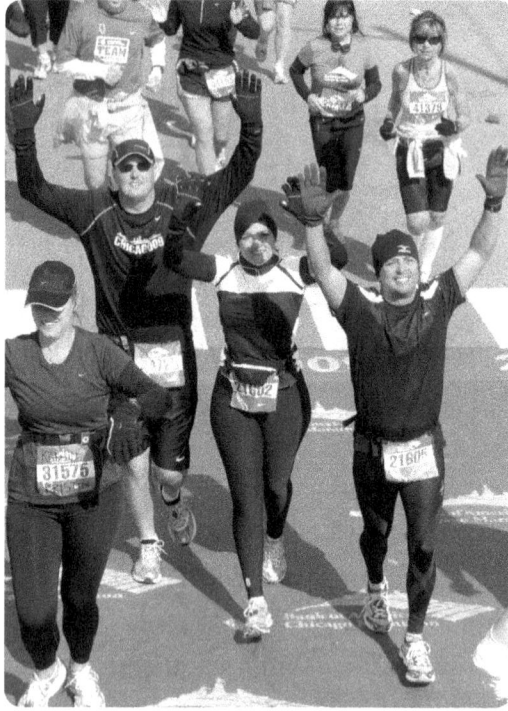

Greg (izquierda), Yo (en el centro) y Antonio (a la derecha) cruzando la meta juntos en Chicago 2009

Contentos con nuestras Medallas en Chicago 2009

Para Greg, terminar el Maratón de Chicago le demostró que él podía lograr cualquier cosa que se proponía, sobre todo cuando tantos le habían dicho que no lo podía lograr. Ahora cuando se encuentra en situaciones en donde otros piensan y dicen que no hay solución o posibilidad de logar algún objetivo, Greg dice, "Sí se puede. ¡Lo podemos lograr!" Y juntos, siempre terminan con éxito.

Cuando Charlie, Ray y Kevin finalmente llegaron al Mar Rojo después de 111 días sin parar de correr a través de temperaturas de 140 grados Fahrenheit, lesiones, tormentas de arena, deshidratación, problemas de navegación, y la incertidumbre de poder continuar su trayecto a través de Libia, hubo muchas emociones y sentimientos que todos experimentaron. A pesar de las dificultades que encontraron durante su expedición, al igual que todas las pruebas y retos que sobrepasaron, nunca tomaron un día libre. Y cuando finalmente tocaron el Mar Rojo, ¡todo valió la pena!

Lo que aprendió Ray de la experiencia de correr el Sahara fue, "que si tenemos limitaciones es porque nosotros las hemos puesto sobre nosotros mismos. Si piensas que solo puedes correr 5K, entonces solo correrás esa distancia. Todo depende de dónde pones esas metas, porque en realidad no hay fronteras. Yo soy el ejemplo vivo de eso."

"Es donde pones esas metas, porque en realidad no hay fronteras..."

Ray y sus amigos se habían propuesto una expedición de 80 días para cruzar el Desierto del Sahara y terminaron viajando más lejos. Se convirtieron en mucho más que solo tres corredores con una meta inmensa. Les inspiraron las personas que conocieron en su expedición y fundaron www.H2OAfrica.org, una organización sin fines de lucro con el propósito de recaudar dinero y crear conciencia para el agua limpia y segura en África.

Acercándome a la meta de mi primer maratón

Acababa de terminar las últimas cinco millas, en las cuales corrí junto a mis futuros suegros, mi querida perra Nina, mi club de correr 1427, mi sobrina pronto a nacer Irene Sofía, mi pasado amor y finalmente con mi futuro esposo, Antonio.

Es difícil describir los sentimientos y emociones que sentí cuando me acercaba a la meta. ¡Estaba abrumada por el orgullo y sensación de logro! Sentí dolor, amor, alivio, emoción y euforia, mientras me saboreaba cada experiencia.

Yo *cruzando la meta en mi primer maratón en* Chicago *en el* 2006

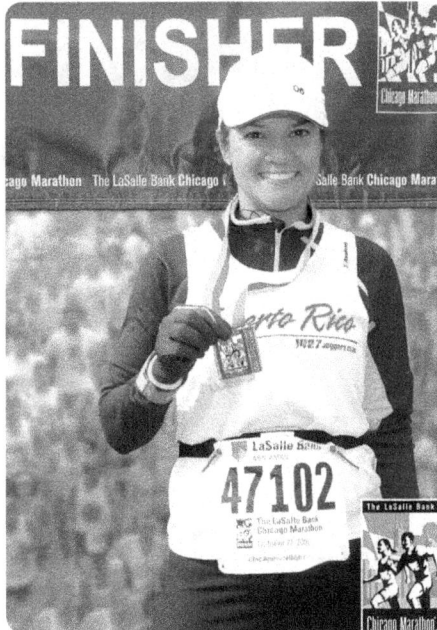

Increiblemente orgullosa de haber completado my primer
maratón en Chicago en el 2006

¡Disfruta tu éxito!

Mi buena amiga, Kellie, me esperó en la meta con un ramo de flores. En Chicago, hacen un excelente trabajo de hacer que los maratonistas que terminaron se sientan orgullosos y especiales. En muchos lugares, si llevabas tu medalla después del evento, tenían ofertas especiales y hasta regalos. Todos en la calle felicitaban a los maratonistas mientras celebrábamos los unos con los otros. ¡Kellie y yo disfrutamos una botella de vino gratis, porque llevaba mi medalla, mientras nos saboreábamos un suculento filete en Smith & Wollensky para conmemorar mi victoria!

*Celebrando después de mi primer maratón con
mi amiga Kellie en Smith y Wollensky*

¡Asegúrate de celebrar!

Celebrar tus logros es una gran parte de alcanzar tu meta, asegúrate de planificar la misma o estar preparado para celebrar, aunque los detalles de la misma no estén claros. El solo darte ese espacio para el reconocimiento y recompensa, ya sea por ti o por otros, es esencial para completar la experiencia de lograr tu meta. Algunas ideas para celebrar o recompensarte son:

- Tener una fiesta.
- Planificar una cena especial en tu restaurante favorito.
- Tomarte una vacación como recompensa a un lugar que siempre has querido visitar.
- Contribuir a una causa en la cual crees.
- Comprarte algo que siempre has querido, pero no habías podido justificar.

Ya debes haber pensado en muchas ideas que te entusiasman a ti y en aquellas cosas que más disfrutas y atesoras.

Mi meta

Cuando terminé mi primer maratón, una de las primeras cosas que me vino a la mente fue que todo el mundo debe de correr un maratón aunque sea una sola vez. Así de poderosa fue la experiencia para mí. No se trató tanto de correr las 26.2 millas, sino de en quien me había convertido en el proceso. Esa fue mi recompensa mayor y nadie me la podía quitar. Luego de lograr esto, sentí que no existía nada que no pudiera hacer.

Corrí mi próximo maratón en la cuidad histórica de Berlín, en Alemania. Nuestro club de correr estaba participando en este maratón como grupo. Había varios miembros del club para los cuales este sería su primer maratón. En especial recuerdo a Doña Ana, como le llamábamos de cariño. Doña Ana tenía 68 años cuando corrió el

> No se trató tanto de correr las 26.2 millas, sino de en quien me había convertido en el proceso.

Maratón de Berlín. Yo estaba tan impresionada con ella, en especial cuando supe su edad y que solo llevaba corriendo tres años.

El primer maratón de Doña Ana

Le pregunté qué le había motivado a correr un maratón y compartió su historia. Su doctor le había insistido que comenzara a caminar para poder mejorar su condición de artritis. Por eso comenzó a caminar. Su hija es también un miembro del club de correr, y ella le sugirió a Ana que se uniera ya que hay caminantes también. Chewi, nuestro entrenador y coach, le dio tablas de entrenamiento a seguir. Ella comenzó a ver un mejoramiento significativo en su habilidad de caminar y en la reducción de síntomas de su artritis. Comenzó a trotar también mientras caminaba y pronto se sintió cómoda corriendo. Fue entonces que decidió correr un 10K.

Chewi la motivó a participar y correr el Maratón de Berlín, el cual se llevaría a cabo a aproximadamente dos años de haber corrido su primer 10K. De primera intención cuando escuchó cuán largo era el maratón, se decía a ella misma, "No. Eso tú no lo puedes hacer." Pero Chewi pensaba diferente y como ella confiaba en él, se registró para el maratón sin saber cómo lo iba a hacer, lo que sí sabía era que él había ayudado a muchos otros a lograrlo antes que a ella.

Como mencioné anteriormente, él le daba a ella las tablas de entrenamiento para que se preparara, y ella las siguió al pie de la letra. Me dijo que recuerda cada detalle de ese maratón, "Fue mi primero; uno siempre recuerda todo sobre el primero."

El 30 de septiembre de 2007, el día de su primer maratón, ella no sabía lo que no sabía; sencillamente seguía corriendo. Ella no le prestaba atención al tiempo ni al paso; ¡estaba en el momento! Se estaba disfrutando el paisaje y la importancia histórica de la ruta. Había música en vivo y gente en todas partes, ¡era hermoso! Me contaba esto y me dijo, "Una vez supe que estaba en el marcador del kilómetro 30, supe que iba a poder terminar."

Le pregunté qué sintió cuando vio la meta aparecer en su campo visual, "Mi primera reacción fue llorar de la alegría de mi logro. Corrí durante todo el maratón y no camine ni un paso." Ella termino en 5:04:42. Hasta sorprendió a nuestro entrenador, quien esperaba que ella cruzara la meta en 5:30:00. "Me sentí tan bien," me dijo, "que hasta me puse tacos para la cena de celebración esa noche. Este no solo fue mi primer maratón; también fue, la primera vez que me tomé una cerveza.

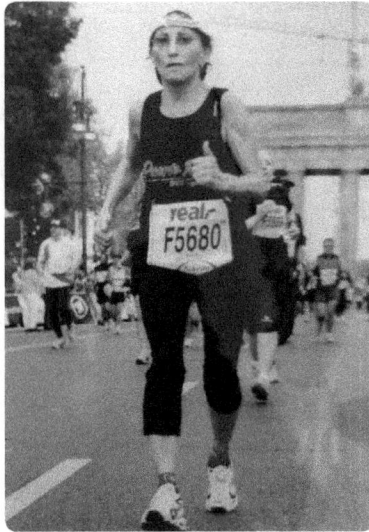

Doña Ana corriendo en el Maratón de Berlin

Doña Ana cruzando la meta de su primer maratón en Berlin 2007

Celebrando haber completado el Maratón de Berlin con Doña Ana en el 2007

Doña Ana dice que lograr esta meta le dio la confianza de que lo podía volver a hacer otra vez, y ha completado varios maratones desde entonces. En el 2010, corrió el Maratón de Atenas en Grecia y ganó 3er lugar en su categoría de edad, con un tiempo de 5:12:00. ¡Tenía 70 años cuando lo corrió! Estaba supuesta a correr el Maratón de Nueva York en el 2012, excepto que el mismo fue cancelado por el paso del Huracán Sandy, el cual afectó al área días antes de la fecha del mismo. En el 2013 pudo correr el Maratón de Nueva York, el cual completó en 6:01:06, ¡a los 73 años! Desde entonces ha podido participar en muchas carreras más. ¡Vamos Ana, Vamos!

La meta de Chewi

Chewi sí logró llegar a la meta en Nueva York con un tiempo de 3:02:00. Y sí, también fue el primero en terminar de los corredores de su grupo que participaron. Su hermano Manuel, lo recibió en la meta, lleno de emoción y muy orgulloso. Él también es un corredor, por lo que sabía lo significativo que es haber logrado una meta tan importante.

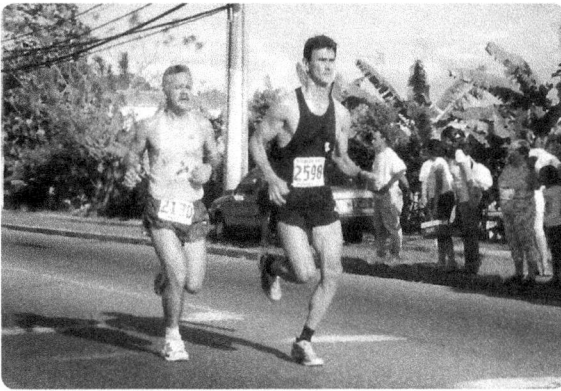

Chewi corriendo en Puerto Rico

Como resultado de terminar su primer maratón y tener la experiencia que tuvo durante el evento, Chewi regresó con una nueva conciencia y un nuevo propósito. Se dio cuenta que cualquier cosa puede ser lograda siempre y cuando te lo propongas. También aprendió que hay que pasar por la experiencia en carne propia para no solo entenderla sino para poder obtener el crecimiento que acompaña el tomar acción, sobrepasar obstáculos, y mantenerte encaminado en tu ruta hacia la meta.

Siempre y cuando estés tomando los pasos y acciones necesarias para lograr tu meta, tendrás éxito. Chewi quería retar el mito de que solo los corredores elites podían correr maratones, y al lograr la meta, él ha inspirado y ayudado a otros a hacer lo mismo. Él ahora sabía que la única limitación que tienen las personas son las que se ponen ellos mismos. Él había sido testigo de ver a personas de todas las edades, niveles de condición física, peso, y hasta con limitaciones participando en el maratón. No solo participaron…sino que, ¡terminaron! También aprendió que lograr cualquier meta es más mental que otra cosa, que, si tienes la mentalidad y expectativa apropiada, puedes lograr cualquier cosa en la que te enfoques.

> *Si tienes la mentalidad y expectativa apropiada, puedes lograr cualquier cosa en la que te enfoques.*

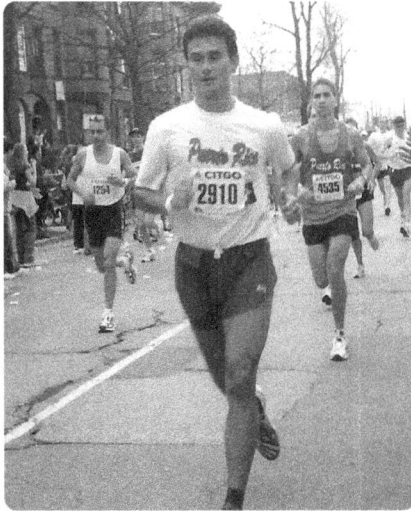

Chewi corriendo en el Maratón de Boston en el 2002

¿Qué es lo próximo?

Para Chewi, correr su primer maratón fue el principio de una forma de vida, una forma de enfrentar grandes retos que a otros le parecerían muy difícil intentar. Desde entonces, él ha entrenado y llevado a un sin número de grupos de corredores principiantes y experimentados a maratones alrededor del mundo. Fundó un club de correr, se ha involucrado en proyectos en Puerto Rico que ayudan a las personas a tener una vida más saludable y mejorar su condición física. Además, ha abierto dos tiendas atléticas. Personalmente ha completado sobre 3 competencias de Iron Man y continúa retándose a sí mismo y a otros a ser mejores física y mentalmente.

Chewi durante el Ironman en Louiseville en el 2012

*Chewi luciendo su medalla de completador del Ironman
en Louiseville, Kentucky en el 2012*

Su proyecto más atesorado es uno llamado "Patitas Calientes." El proyecto tiene 21 grupos de personas sobre la edad de 60 años que entrenan diariamente en diferentes pueblos de la isla. Hace esto para ayudarlos a mantener una buena condición física y mental, y también contribuir a su vida social con distintas actividades. Según Chewi, esta población sufre mucho por ser olvidados y descuidados, en especial por sus hijos adultos. Este esfuerzo ha tenido un gran impacto en la calidad de vida de esta generación y les ha ayudado a continuar como un grupo activo en nuestra comunidad.

En cuanto a Natalie, la experiencia de correr y completar su primer maratón con su amiga Lizzie fortaleció su amistad y le recordó que la vida se trata del camino y no sobre el destino final. En sus palabras, "luego de correr mi primer maratón, sabía que podía lograr cualquier cosa; solo tenía que tener la intención, estar clara con mis pasos de acción, completarlos, y sonreír mucho durante todo el proceso. Cuando me pongo nerviosa o me da miedo, recuerdo que solo tengo que continuar poniendo un pie al frente del otro y antes de darme cuenta, estaré atravesando la meta, sintiendo la brisa dulce del éxito en mi rostro. ¡Victoria!"

Natalie ha tachado muchas otras cosas de su lista de metas desde su experiencia en Honolulu en diciembre del 2001. La fe y certeza que ha ganado de su experiencia la ha ayudado a poder escalar una montaña y brincar de una cascada de agua en Costa Rica. Ella afirma que la experiencia del maratón realmente te da confianza para hacer cualquier cosa porque tu mente es la que está a cargo de tu experiencia física.

> Llevamos los símbolos de nuestros logros en nuestro interior y en nuestro corazón.

¿El usar las zapatillas equivocadas y no tener registro oficial de su primer maratón hicieron que ese evento fuera irrelevante para Jeff? ¡No, en lo absoluto! A pesar de que el nombre de Jeff no aparece en la lista oficial de personas que completaron el Maratón de Búfalo y que ni él ni nadie más puede buscar su tiempo oficial para ese evento, ninguna de estas cosas importa. Son solo símbolos de logros externos y son para las personas que no son tan importantes. Llevamos los símbolos de nuestros logros en nuestro interior y en nuestro corazón. Jeff experimentó y corrió su primer maratón y él lo sabe desde el rincón más remoto de su ser, al igual que su esposa Michelle. Ella no solo fue testigo de su determinación heroica de terminar, ¡ella fue su ROCA, su fan más grande, su alentadora mayor y creyente en su habilidad para hacerlo! Y por ella él está por siempre agradecido, ¡aun cuando sus pies se estaban quemando…y no se sentía del todo así!

Al completar el Maratón de Búfalo Jeff ganó la confianza y la fe para mudarse al otro extremo del país y empezar su propia empresa. Con un alma y corazón como el de Jeff, el éxito está en sus pasos. ¡Continua corriendo!

Continúa corriendo tu carrera

Uno de los mensajes e ideas que quiero que te lleves de este libro y las historias que contiene es que todos tenemos nuestra propia carrera que crear y experimentar. Aunque compartamos una meta en común, nuestro viaje en el camino no será el mismo; sino que será único para cada uno de nosotros, y esto es lo que lo hace tan significativo y especial.

Todos tenemos nuestra propia carrera que crear y experimentar.

Capítulo 9 Pasos de acción

"Para terminar, tienes que terminar"

~ Rick Mears

1. ¡Disfruta tu éxito!
2. ¡Asegúrate de celebrar; es algo grande! ¡Has trabajado duro y te mereces un premio!
3. Pregúntate, ¿qué es lo próximo? ¡Tienes la confianza y la experiencia ahora!
4. Continúa corriendo tu carrera, ¡es siempre cambiante y emocionante!

Capítulo 10

¡Vamos!

"*Ve por ello ahora. A nadie se le promete el futuro.***"**

~ Wayne Dyer

Hemos completado una travesía desde decidir lo que queremos, a crear un plan, accionar y lograr lo que nos hemos propuesto. Ahora es tu turno de implementar tu plan…¡Vamos!

Me encanta la letra de una canción de Calvin Harris llamada muy apropiadamente "Vamos." Se ha convertido en un himno cuando estoy en la zona, inspirada y moviéndome hacia mis metas, y también cuando no me siento tan inspirada. ¡Me ayuda a provocar que mis jugos comiencen a fluir y me impulsa a ir!

¡Vamos!

No hagas excusas ahora
Hablo de aquí y ahora

Hablo de aquí y ahora
¡Vamos!
tu tiempo se acaba
Hablo de aquí y ahora
Hablo de aquí y ahora

No se trata de lo que has hecho
Se trata de lo que estás haciendo
Se trata de hacia dónde vas
No importa en dónde has estado
¡Vamos!...

No se trata de lo que has hecho

Se trata de lo que estás haciendo

Se trata de hacia dónde vas

No importa en dónde has estado

¡Vamos!..

Ahora te toca a ti tomar los pasos de acción y comenzar a correr tu carrera, no importa lo que quieras lograr.

Vamos a repasar el proceso. Para hacerlo más fácil, al final de este libro encontrarás una lista de todos los pasos de acción mencionados en cada capítulo. Repasa esta lista para recordar algunas actividades y acciones que serán de gran ayuda.

Primero, desentierra los sueños que pueden estar enterrados debajo de la programación de tus padres, maestros, compañeros, etc. Las actividades en el capítulo uno pueden ser útiles. Luego, toma 100% responsabilidad de tu vida y bienestar. Recuerda, tú creas los resultados al cambiar y estar consiente de tus respuestas. Los pensamientos que piensas, las acciones que tomas, y las imágenes en las cuales te enfocas... están todos bajo tu control.

Comienza con escoger una meta en la cual enfocarte. Desarrolla claridad precisa con esta meta; se especificó. ¿Cuánto? ¿Cuándo? Encuentra un mentor o *coach* para ayudarte. Comparte tu meta con tu círculo íntimo, (pareja, amigos cercanos, hijos) y explícales en qué consiste y porque quieres lograrlo. Es importante decirles qué beneficio existe para ellos. ¡Toma el primer paso! Divide la meta global en acciones manejables. Practica el 5 y la meta, préstale atención a la retroalimentación y haz ajustes cuando sea necesario.

¡Convoca a tu equipo! ¡Visualízate logrando la meta y como te vas a sentir cuando lo hagas! Preséntate el día de la carrera, maneja tu paso, disfruta el camino, determina que vas a terminar, y ten la expectativa de ser exitoso.

> Preséntate el día de la carrera, maneja tu paso, disfruta el camino, determina que vas a terminar, y ten la expectativa de ser exitoso.

Celebra los logros en el camino a tu meta. Confía en tu equipo para aliento y apoyo. Continúa tomando acción, aunque reduzcas el paso; esto te asegurará que estás manteniendo el impulso hacia adelante. Anticipa los "qué pasa si" y ten a tu equipo listo para alentarte, especialmente cuando digas que te quieres quitar.

¡Visualízate en la meta sintiendo las emociones de haber logrado tu objetivo! ¡Sigue! ¡Estás tan cerca!

¡Celebra! ¡Tú te lo mereces!

¿Qué harás AHORA? Yo lo quiero saber, por favor comparte tus historias de logros y éxitos conmigo en exitos@corretucarrera.com

Terminar mi primer maratón tuvo un impacto inmenso en mí, como he compartido en las páginas de este libro. En particular, quiero mencionar la increíble confianza y valentía que he ganado como resultado de ir tras las cosas y experiencias que quiero tener en esta vida sin reservas o límites. A la fecha de este escrito he completado dos maratones completos adicionales, un sin número de medio-maratones, me casé con el hombre de mis sueños, fundé una compañía de *coaching* y adiestramientos, me he dirigido a grupos locales e internacionales sobre los temas de principios de éxito y cómo lograr y vivir la vida de tus sueños, y finalmente he escrito mi primer libro. Un libro que espero te haya inspirado, motivado y sobre todo alentado a tomar acción hacia vivir la vida en tus propios términos, luchando por tus sueños y, ¡corriendo TU CARRERA!

Corre Tu Carrera— Pasos de acción

Capítulo 1 Pasos de acción

"En 20 años estarás más decepcionado por las cosas que no hiciste que por las cosas que sí hiciste. Así que suelta los amarres, navega alejado del puerto seguro. Atrapa los vientos alisios en tus velas. Explora. Sueña. Descubre."

~ Mark Twain

1. Contesta la pregunta: ¿Qué harías si supieras que no puedes fracasar?
2. Retoma tu poder y ejercita tu derecho de escoger cuando tengas la oportunidad.
3. Pídele a un amigo o ser querido de confianza que te rete por cinco minutos preguntándote repetidamente "¿Qué tú quieres?" y que escriba todas tus respuestas.
4. Prepara una lista de 101 metas
5. Asume el 100% de la responsabilidad. Al cambiar tu respuesta tú puedes crear el resultado que quieres.
6. Deja de imaginar resultados negativos y vence tu miedo.
7. Crea un registro de victorias y éxitos diarios.

Capítulo 2 Pasos de acción

"Puedes tener cualquier cosa que quieres, si la quieres lo suficiente. Puedes ser cualquier cosa que desees ser, hacer cualquier cosa que te propongas lograr si te aferras al deseo con un solo propósito."
~ Abraham Lincoln

1. Escoge una meta y enfócate en ella.
2. Sé claro en la meta y ponle una fecha límite para lograrla (Cuánto y Cuándo)
3. Encuentra un mentor o coach (a través de libros, en línea, o en tu comunidad)
4. Investiga tu meta (¿qué destrezas necesitas para lograr tu meta?)
5. Repasa tu registro de victorias a menudo.
6. Escribe tus razones para querer lograr tu meta (Tenlas donde las puedas ver diariamente)
7. Comparte tus metas con tu círculo íntimo (pareja, hijos, amigos cercanos)

Capítulo 3 Pasos de acción

"Una travesía de mil millas tiene que comenzar con un solo paso."

~ Lao Tzu

1. Toma el primer paso.
2. Divide en acciones manejables.
3. Practica cinco hacia la meta
4. Préstale atención a la retroalimentación y ajusta cuando sea necesario.
5. Continúa tomando pasos.

Capítulo 4 Pasos de acción

"No existe tal cosa como un hombre que se ha hecho solo. Alcanzarás tus metas solamente con la ayuda de otros."

~ George Shinn

1. Encuentra a un mentor o un *coach* (si no tienes uno ya).
2. Comparte tu visión y meta con tu círculo íntimo (pareja, hijos, amigos cercanos) y explícales qué implica para ti lograr esta meta.
3. Consigue un compañero de responsabilidad.
4. Forma un grupo de "Mentes Maestras".
5. Identifica a otros que quieren lograr la misma meta que quieres lograr o algo similar.
6. Identifica a tus rocas.
7. Comparte tu visión e identifica a tus animadores y fanaticada.
8. Identifica tus canales de posibilidad y tus callejones sin salidas.
9. "Vete al Bellagio" cuando te encuentres con chupa energías.

Capítulo 5 Pasos de acción

"Cualquier cosa que la mente pueda concebir y creer, podrá lograr."

~ **Napoleon Hill**

1. Practica visualizar (comienza con algo familiar).
2. Escribe tu escena ideal con todo lujo de detalle e incorpora todos tus sentidos y emociones (recuerda ser específico).
3. Crea un Tablero de Visión o un Libro de Metas.
4. Visualiza diariamente (visualízate en el presente logrando tu meta).

Capítulo 6 Pasos de acción

"Es solo el primer paso el que es difícil."
~ Marie De Vichy-Chamrond

1. ¡Preséntate!
2. ¡Maneja tu paso!
3. Si tienes un falso comienzo, ¡comienza otra vez!
4. ¡Disfruta el camino; espera completarlo; espera tener éxito!

👣 Capítulo 7 Pasos de acción

"Fue el carácter el que nos sacó de la cama, el compromiso el que nos movió hacia la acción, y la disciplina la que nos permitió completarlo."

~ Zig Ziglar

1. ¡Celebra tus logros, reconoce que estás a medio camino!
2. Depende de tu equipo para aliento y apoyo para mantener tu impulso.
3. Sigue avanzando, aunque tengas que ir a un paso más lento.

Capítulo 8 Pasos de acción

"No importa cuán lento vayas siempre y cuando no te detengas."

~ Confucius

1. Escribe todos los elementos importantes y necesarios para lograr tu meta, y escribe todos los escenarios de "qué pasa si" que se te puedan ocurrir, y crea por lo menos tres soluciones para cada uno.

2. Ten a tu equipo de apoyo listo y prepáralos para que te den aliento, especialmente cuando tú digas que quieres parar o quitarte cuando creas que no puedes continuar. ¡Ellos saben mejor!

3. Visualízate en la meta y siente las emociones de haberla logrado. ¡Esto te dará energía y motivación adicional!

4. Sigue, ¡que estás llegando!

Capítulo 9 Pasos de acción

"Para terminar, tienes que terminar"

~ Rick Mears

1. ¡Disfruta tu éxito!
2. ¡Asegúrate de celebrar; es algo grande! ¡Has trabajado duro y te mereces un premio!
3. Pregúntate, ¿qué es lo próximo? ¡Tienes la confianza y la experiencia ahora!
4. Continúa corriendo tu carrera, ¡es siempre cambiante y emocionante!

Corre Tu Carrera—Recursos

Corre tu carrera—en línea—Es un curso en línea que te lleva por la experiencia y los pasos delineados en esta guía, con ejemplos y herramientas para llevar a cabo los mismos. www.corretucarrera.com.

Corre tu carrera—La Experiencia—Es un taller en persona con sesiones de coaching virtual en grupo de el proceso de Corre tu carrera. Para conocer más sobre este y como participar, ir a www.corretucarrera.com.

Coaching— Para lograr metas grandes que parecen imposibles como ya has leído es importante tener un equipo de apoyo. Un coach es un integrante esencial de tu equipo de éxito. La Dra. Mayra Lladó ofrece programas de coaching en grupo e individual. Para más información sobre estos ir a www.mayrallado.com o a www.corretucarrera.com.

EFT (Emotional Freedom Technique)—Desarrollada originalmente por Roger Callahan y luego mejorada por Gary Craig, quien la llamó EFT. Es la versión emocional de la acupuntura, excepto que no se usan las agujas. Incorpora el enfocarse mentalmente en ciertos asuntos mientras tocas ciertos puntos meridianos con la yema de tus dedos. Hecho correctamente, EFT aparenta balancear disturbios en el sistema meridiano. Para más información de esta técnica puede ir a www.corretucarrera.com al área de recursos.

El Método Sedona—Creado originalmente por Lester Levenson y ahora enseñado y compartido mundialmente por uno de sus estudiantes Hale Dwoskkin. Es una forma sencilla que puedes aprender a accesar tu habilidad natural de soltar sentimientos no deseados o doloros. A través de una serie de preguntas, pasas por la experiencia de invitar y hacerte conciente de lo que estas sintiendo y gentilmente auto guiándote a soltarlo. Para aprender más sobre el Método Sedona ir a www.sedona.com.

RIM (Regenerando Imágenes en Memoria)—Creado y desarrollado por la Dra. Deb Sandella. En sus palabras, "RIM comenzó inicialmente como una síntesis de técnicas que accesan el subconciente directamente—Terapia Somatica, Hipnosis Ericksoniana, e Imágenes Interactivas Guiadas y a continuado a evolucionar y expandir. Originalmente, el acróstico RIM simbolizaba Soltar (Release) al Mago Interior.

5 y la Meta Ejemplo—para descargar una plantilla para usar diariamente ve a www.corretucarrera.com al área de recursos.

Grupo de Mentes Maestras—Para descargar un ejemplo del formato a seguir para correr una reunión de grupo de Mentes Maestras, ir a www.corretucarrera.com al área de recursos.

Recursos para Visualizar—Ver tutorial en como crear una grabación con imágenes y afirmaciones para usar como herramienta de visualización; ir a www.corretucarrera.com al área de recursos.

Un libro el cual puedes leer para comenzar a visualizar y divertirte a la vez es: *Fun With Visualization* por Starr Pilmore.

Ejemple de Tablero de Vision—para ver un ejemplo de tablero de visión ir a www.corretucarrera.com al área de recursos.

¿Qué Pasa Si?—para descargar e imprimir la hoja de trabajo de ¿Qué Pasa Si?, ir a www.corretucarrera.com al área de recursos.

Corre Tu Carrera—Referencias

Byrne, Rhonda. *El Secreto*. New York: Atria Books, 2006.

Canfield, Jack y Janet Switzer. Los Principios del Éxito: Cómo llegar de donde está a donde quiere ir. New York: Harper Collins Publisher, 2005.

Harris, Calvin. Let's Go: Canción. Columbia. Deconstruction. Fly Eye. Ultra. 2012.

Hill, Napoleon. Piensa y Crece Rico. California: Highroads Media, Inc., 2008.

Nall, Sam. It's Only a Mountain: Dick and Rick Hoyt, Men of Iron. Florida: Charybdis Publishing, 2002.

Pascual-Leon, Alvaro. The Brain That Plays Music and Is Changed by It. (2001) Behavioral Neurology Unit, Beth Israel Deaconess Medical Center, Harvard Medical School, Boston, Massachusetts 02215, USA.

Running The Sahara: Documentary. Dir. James Moll. DVD. NEHST, 2007.

Star Wars: Episode V- The Empire Strikes Back. Dir. Irvin Kershner. Lucasfilm, 1980.

Wattles, Wallace D. The Science of Getting Rich: Harnessing the Power of Creative Thought. Holyoke, Mass: E. Towne, 1910.

Sobre la Autora

La Dra. Mayra Lladó es una arquitecta de la sonrisa y de la vida. Practica la Odontología Estética desde el 1996 como dueña de San Juan Smile Spa en Puerto Rico.

Además de ayudar a las personas tener sonrisas bellas, su pasión es ayudar a las personas descubrir su propósito y permitir florecer sus dones. La Dra. Mayra ha estudiado y aplicado principios de éxito desde el año 2000 y ha ayudado a miles de empresarios de variada experiencia y trasfondo, crear más éxito en sus negocios y en sus vidas. Esto, a través de los servicios que provee junto a su esposo Antonio en su compañía Success In Action.

Es la autora del libro de mejor venta: *Run Your Race: a Guide to Making Your Impossibles Possible*. Co-Autora del libro de mejor venta: *Success University For Women*, Co-Autora del libro *Live Your Passion*, Oradora Internacional, Entrenadora y Coach Certificada de Alto Rendimiento.

Ella ha recibido mentoría personal de Jack Canfield, autor de *Los Principios de Éxito* y contribuidor de *El Secreto*, y es una adiestradora Certificada en Los Principios de Éxito.

Es la fundadora y CEO de Success In Action Inc., una compañía que ofrece coaching de alto rendimiento y adiestramientos vivenciales para empresas e individuos.

Sus talleres vivenciales se enfocan en Maximizar tu potencial, Encender tu éxito, y correr tu carrera. Son para empresarios, vendedores, educadores, líderes de industrias, consultores y tu quien no se conforma y quieres ser tu mejor versión. Aprovecha tus talentos para experimentar la vida que tienes el poder de crear; una de pasión, cumplimiento, gozo y éxito.

Para conocer más sobre los talleres, adiestramientos, libros, audios y otros programas que ofrece la Dra. Mayra Lladó, o para averiguar su disponibilidad como oradora, coach o adiestradora, puedes contactar su oficina en:

Success In Action Inc.
P.O. Box 193805
San Juan, PR 00919-3805
info@mayrallado.com

Para reclamar tu poder y vivir tu pasión ve a:

www.mayrallado.com
www.enciendetuexito.com
www.corretucarrera.com

.

www.ingramcontent.com/pod-product-compliance
Lightning Source LLC
Chambersburg PA
CBHW060433090426

42733CB00011B/2256